LUIZ HENRIQUE MEDEIROS DIAS

Da Prisão, das Medidas Cautelares e da Liberdade Provisória

Lei nº 12.403, de 4 de maio de 2011

TEORIA E PRÁTICA

- Manual prático e de consulta rápida
- Modelos de pedidos de liberdade provisória com substituição da prisão preventiva pelas novas medidas cautelares
- Proposições de questões para os concursos de carreiras jurídicas e OAB

ABDR
CÓPIA NÃO AUTORIZADA É CRIME
ASSOCIAÇÃO BRASILEIRA DE DIREITOS REPROGRÁFICOS
RESPEITE O DIREITO AUTORAL

Editora Afiliada

O livro é a porta que se abre para a realização do homem.

Jair Lot Vieira

LUIZ HENRIQUE MEDEIROS DIAS

Da Prisão, das Medidas Cautelares e da Liberdade Provisória

Lei nº 12.403, de 4 de maio de 2011

TEORIA E PRÁTICA

- Manual prático e de consulta rápida
- Modelos de pedidos de liberdade provisória com substituição da prisão preventiva pelas novas medidas cautelares
- Proposições de questões para os concursos de carreiras jurídicas e OAB

edipro

DA PRISÃO, MEDIDAS CAUTELARES E LIBERDADE PROVISÓRIA
– TEORIA E PRÁTICA –
LUIZ HENRIQUE MEDEIROS DIAS

© desta edição: Edipro Edições Profissionais Ltda. – CNPJ nº 47.640.982/0001-40

1ª Edição 2011

Editores: Jair Lot Vieira e Maíra Lot Vieira Micales
Produção editorial: Murilo Oliveira de Castro Coelho
Editoração: Alexandre Rudyard Benevides
Revisão: Murilo O. C. Coelho e Bruno Miola da Silva
Arte: Karina Tenório e Simone Melz

Dados Internacionais de Catalogação na Publicação (CIP)
(Câmara Brasileira do Livro, SP, Brasil)

Dias, Luiz Henrique Medeiros
    Da prisão, medidas cautelares e liberdade provisória – teoria e prática – Lei nº 12.403/2011 / Luiz Henrique Medeiros Dias. – São Paulo : EDIPRO, 2011.

ISBN 978-85-7283-776-7

1. Liberdade provisória 2. Medidas cautelares 3. Prisão I. Título.

11-07691   CDU-343.126

Índices para catálogo sistemático:
1. Prisões : Liberdade provisória : Medidas cautelares :
Direito processual penal 343.126

edipro
edições profissionais ltda.
São Paulo: Fone (11) 3107-4788 – Fax (11) 3107-0061
Bauru: Fone (14) 3234-4121 – Fax (14) 3234-4122
www.edipro.com.br

Sumário

Lei nº 12.403, de 4.5.2011 – *Teoria e Prática* 11
1. Objeto da lei 11
2. Vigência da lei 11
3. Sistematização do tema 11
4. Motivação da lei 12
5. Lei nº 12.403/2011 e a Constituição Federal 13
6. Prisão preventiva de ofício 13
7. Lei nº 12.403/2011 e a execução provisória 13
8. Lei nº 12.403/2011 e a ausência de vagas no regime fechado 13
9. Lei nº 12.403/2011 e a detração penal 14
10. Lei nº 12.403/2011 e a prisão provisória 16
11. Lei nº 12.403/2011 e a apresentação espontânea do acusado 17
12. Artigos alterados 18
13. Do título 18
14. Artigo 282, *caput* 18
15. Artigo 282, inciso I 18
16. Artigo 282, inciso II 19
17. Artigo 282, § 1º 21
18. Artigo 282, § 2º 21
19. Artigo 282, § 3º 22
20. Artigo 282, § 4º 22
21. Artigo 282, § 5º 23

22. Artigo 282, § 6º 24
23. Artigo 283, *caput* 24
24. Artigo 283, § 1º 26
25. Artigo 283, § 2º 27
26. Artigo 289, *caput* 28
27. Artigo 289, § 1º 29
28. Artigo 289, § 2º 30
29. Artigo 289, § 3º 30
30. Artigo 299, *caput* 30
31. Artigo 300, *caput* 31
32. Artigo 300, parágrafo único 31
33. Artigo 306, *caput* 32
34. Artigo 306, § 1º 32
35. Artigo 306, § 2º 33
36. Artigo 310, *caput* 33
37. Artigo 310, parágrafo único 34
38. Artigo 311 36
39. Artigo 312, *caput* 37
40. Artigo 312, parágrafo único 38
41. Artigo 313, *caput* 38
42. Artigo 313, inciso I 39
43. Artigo 313, inciso II 39
44. Artigo 313, inciso III 40
45. Artigo 313, inciso IV 41
46. Artigo 313, parágrafo único 41
47. Artigo 314 42
48. Artigo 315 43
49. Artigo 316 44
50. Artigo 317 44
51. Artigo 318, *caput* 47
52. Artigo 318, inciso I 47

Sumário 7

53. Artigo 318, inciso II 48
54. Artigo 318, inciso III 49
55. Artigo 318, inciso IV 51
56. Artigo 318, parágrafo único 51
57. Artigo 319, *caput* 51
58. Artigo 319, inciso I 52
59. Artigo 319, inciso II 53
60. Artigo 319, inciso III 54
61. Artigo 319, inciso IV 55
62. Artigo 319, inciso V 56
63. Artigo 319, inciso VI 57
64. Artigo 319, inciso VII 57
65. Artigo 319, inciso VIII 59
66. Artigo 319, inciso IX 59
67. Artigo 319, *caput*, §§ 1º, 2º e 3º 60
68. Artigo 319, § 4º 60
69. Artigo 320 60
70. Artigo 321 61
71. Artigo 322, *caput* 62
72. Artigo 322, parágrafo único 62
73. Artigo 323, *caput* 63
74. Artigo 323, inciso I 63
75. Artigo 323, inciso II 64
76. Artigo 323, inciso III 65
77. Artigo 323, inciso IV 66
78. Artigo 323, inciso V 67
79. Artigo 324, *caput* 67
80. Artigo 324, inciso I 67
81. Artigo 324, inciso II 69
82. Artigo 324, inciso III 70
83. Artigo 324, inciso IV 71

84. Artigo 325, *caput* ... 71
85. Artigo 325 ... 72
86. Artigo 325, § 1º ... 73
87. Artigo 325, § 1º, inciso I ... 73
88. Artigo 325, § 1º, inciso II ... 74
89. Artigo 325, § 1º, inciso III ... 74
90. Artigo 325, § 2º ... 75
91. Artigo 334 ... 76
92. Artigo 335 ... 76
93. Artigo 336, *caput* ... 76
94. Artigo 336, parágrafo único ... 77
95. Artigo 337 ... 78
96. Artigo 341, *caput* ... 78
97. Artigo 341, inciso I ... 79
98. Artigo 341, inciso II ... 79
99. Artigo 341, inciso III ... 79
100. Artigo 341, inciso IV ... 80
101. Artigo 341, inciso V ... 80
102. Artigo 343 ... 81
103. Artigo 344 ... 82
104. Artigo 345 ... 82
105. Artigo 346 ... 83
106. Artigo 350, *caput* ... 84
107. Artigo 350, parágrafo único ... 85
108. Artigo 439 ... 85
109. Artigo 289-A, *caput* ... 86
110. Artigo 289-A, § 1º ... 86
111. Artigo 289-A, § 2º ... 87
112. Artigo 289-A, § 3º ... 87
113. Artigo 289-A, § 4º ... 88
114. Artigo 289-A, § 5º ... 89

Sumário 9

115. Artigo 289-A, § 6º 90
116. Artigos revogados 90

Questões de concursos

Questões elaboradas pelo autor sobre a nova Lei nº 12.403/2011 para estudo em futuras provas do Exame da OAB e de concursos públicos 93

Gabaritos 105

Modelos de petições

Modelo de pedido de liberdade provisória sem fiança com substituição da prisão preventiva por medida cautelar 111

Modelo de pedido de liberdade provisória sem fiança e sem aplicação de medida cautelar 119

Modelo de pedido de separação de presos 125

Lei nº 12.403, de 4.5.2011
— Teoria e Prática —

1. Objeto da lei

A Lei nº 12.403/2011 altera os dispositivos do Código de Processo Penal relativos à prisão processual, fiança, liberdade provisória e demais medidas cautelares, além de dar outras providências.

2. Vigência da lei

A Lei nº 12.403/2011 passou a viger a partir do dia 4 de julho de 2011.

3. Sistematização do tema

Antes da nova lei, vigorava o denominado "sistema binário", ou seja, o juiz tinha duas opções: prisão ou liberdade provisória. Atualmente, alguns doutrinadores, dentre eles o emérito professor Luiz Flávio Gomes, estão denominando-o de "sistema multicautelar", que possibilita ao juiz três opções:

a) liberdade provisória;
b) medidas cautelares;
c) prisão cautelar.

A partir da nova lei, a prisão cautelar passa a ser a *ultima ratio* – última opção –, isto é, não sendo o caso de liberdade provisória e nem de outras medidas cautelares, o juiz decreta a preventiva.

4. Motivação da lei

Certamente, a superlotação dos presídios gerou em nossos legisladores a iniciativa de buscar alternativas ao sistema carcerário, que, segundo publicação no portal do Ministério da Justiça,[1] em 2010 contou com 496.251 presos; sendo 164.683 na categoria de provisórios e com um *déficit* de 164.624 vagas no sistema carcerário.

São números que impressionam, mas que não revelam as condições precárias e subumanas dos presos, que são submetidos a um sistema falido que não recupera e não ressocializa ninguém, apenas recolhe pessoas como se fossem animais irracionais e os engaiola, devolvendo--os, depois, à sociedade em pior situação.

Creio que a lei será, a médio e longo prazos, um instrumento eficaz como alternativa à prisão. Porém, para alcançarmos resultados será necessária uma profunda reforma na estrutura do Poder Judiciário, no sentido de proporcionar aos magistrados reais condições (de tempo e lugar) para analisarem cada caso concreto de modo a aplicarem a justa medida, e, aos demais operadores do direito (serventuários, policiais), condições de fiscalização e acompanhamento do cumprimento das medidas impostas. Simplesmente aplicar por aplicar as medidas, sem critérios ou apenas para se livrar dos processos, é distanciar-se da finalidade da lei, qual seja, encontrar alternativas efetivas à prisão.

A lei é fruto de pensamentos idealizadores. As ideias estão postas. Aos operadores, cabe a árdua missão de executá-las. À sociedade, incumbe a reflexão, a boa vontade de aceitar necessárias mudanças ao aperfeiçoamento do ser humano.[2]

---

1 Sistema Integrado de Informações Penitenciárias (InfoPen). Formulário Categoria e Indicadores Preenchidos. referência 12/2010. Disponível em: http://portal.mj.gov.br/data/Pages/MJD574E9CEITEMIDC37B2AE94C6840068B1624D28407509CPTBRNN.htm. Acessado em 25.6.2011.

2 DIAS, Luiz H. M. *Direito Penal*. São Paulo: Audiolivro, 2009. p. 86.

5. Lei nº 12.403/2011 e a Constituição Federal

A nova lei se harmoniza com a Lei Maior ao estabelecer que a prisão é a *ultima ratio*, a última medida, a derradeira providência ao infrator da norma.

6. Prisão preventiva de ofício

O juiz, de acordo com a nova lei, não pode, de ofício, decretar a prisão preventiva na fase investigatória. Porém, continua sendo possível na fase processual. A medida se justifica diante da perda da imparcialidade do magistrado ao interferir no sistema, tornando-se verdadeiro investigador policial, com poderes de magistrado.

7. Lei nº 12.403/2011 e execução provisória

A execução provisória em desfavor do acusado já não era recepcionada pelo Supremo Tribunal Federal por violar os princípios da presunção de inocência e da dignidade da pessoa humana. A nova lei se harmoniza com tal pensamento ao prever que, antes da coisa julgada, a prisão só se justifica se estiverem presentes os requisitos da preventiva.

1. *Habeas Corpus*. 2. Execução provisória da pena. Impossibilidade. Ofensa aos princípios constitucionais da presunção de inocência e da dignidade da pessoa humana. Precedente firmado no HC 84.078/MG de relatoria do Min. Eros Grau. 3. Superação da Súmula 691. 4. Ordem concedida. (HC 107.547; Min. Gilmar Mendes; j. 17. 5.2011).

8. Lei nº 12.403/2011 e ausência de vagas no regime fechado

É fato que os presídios estão superlotados e não há vagas para todos. Do mesmo modo, não há colônias agrícolas suficientes aos que cumprem pena no regime semiaberto e, por fim, é fato que alguns juízes mantêm detentos que deveriam estar em regime semiaberto em regime fechado. A nova lei traz alternativas para que isso não mais ocorra, alinhando-se com decisão do Supremo Tribunal Federal.

HABEAS CORPUS – REGIME PRISIONAL – AUSÊNCIA DE VAGA PARA O CUMPRIMENTO DA PENA NO REGIME ADEQUADO – PERMANÊNCIA DO SENTENCIADO NO REGIME FECHADO APÓS A PROGRESSÃO PARA O REGIME SEMIABERTO – CONSTRANGIMENTO ILEGAL – CONCESSÃO DE PRISÃO ALBERGUE, EM CARÁTER EXCEPCIONAL, ATÉ A OCORRÊNCIA DE VAGA NO REGIME SEMIABERTO. 1. A partir do trânsito em julgado da sentença condenatória o sentenciado adquire o direito subjetivo de cumprir a pena nos exatos termos da condenação. 2. Se o regime obtido em progressão foi o semiaberto, a mudança para o mais rigoroso só é admissível nas hipóteses previstas no art. 118, incisos I e II, da Lei nº 7.210/1984. 3. As peculiaridades que se apresentam em cada situação podem justificar a permanência do sentenciado provisoriamente no regime aberto, na modalidade de prisão albergue, até que se dê vaga em estabelecimento adequado ao cumprimento da pena no regime semiaberto. 4. *Habeas corpus* deferido (HC 77.399/SP; Rel. Min. Maurício Corrêa, j. 1998)

9. Lei nº 12.403/2011 e detração penal

Questiona-se se as medidas cautelares efetivamente cumpridas pelo indiciado ou acusado podem ser computadas na pena privativa de liberdade ou medida de segurança. Reza o art. 42 que, são computadas na pena privativa de liberdade e na medida de segurança o tempo de:

a) prisão provisória, no Brasil ou no estrangeiro;

b) prisão administrativa;

c) internação em hospital de custódia e tratamento psiquiátrico.

É oportuno mencionar o que nos ensina o professor Fernando Capez, ao comentar a possibilidade de cabimento da detração nas penas restritivas de direitos:

> Como nosso Código Penal somente fala em detração na hipótese de pena privativa de liberdade, a interpretação literal do texto poderia levar à conclusão de que o benefício não deveria ser estendido à pena restritiva de direitos. Deve-se considerar, no entanto, que se a lei admite o desconto do tempo de prisão provisória para a pena

privativa de liberdade, beneficiando quem não fez jus à substituição por penalidade mais branda, refugiria ao bom senso impedi-lo nas hipóteses em que o condenado merece tratamento legal mais tênue, por ter satisfeito todas as exigências de ordem objetiva e subjetiva. Quando se mantém alguém preso durante o processo, para ao final, aplicar-lhe pena não privativa de liberdade, com ainda maior razão não deve ser desprezado o tempo de encarceramento cautelar. Além disso, a pena restritiva de direitos substitui a privativa de liberdade pelo mesmo tempo de sua duração (Código Penal, art. 55), tratando--se de simples forma alternativa de cumprimento da sanção penal, pelo mesmo período. Assim, deve ser admitida a detração.[3]

Comungamos com o entendimento. Porém, é necessário distinguir "penas alternativas" de "medidas cautelares". As penas alternativas recebem esse rótulo por apresentarem uma opção à pena de prisão. O Código Penal preferiu denominá-las "penas restritivas de direitos". Já as medidas cautelares não são penas, são alternativas processuais ou penais para afastar a prisão cautelar, processual ou provisória. A sua natureza difere, portanto, da pena alternativa e, assim sendo, não caberia o instituto da detração. São hipóteses dessas medidas a suspensão condicional do processo (*sursis processual*) e a transação penal.

Por fim, o dispositivo fala em pena e medida de segurança, que são espécies do gênero infração penal. Nessa linha, o veredicto seria a proibição da detração às medidas cautelares, porém, discordamos. O mesmo art. 42 diz que é computado na pena o tempo de prisão provisória. Extraímos do pensamento do legislador e da própria lei que a prisão provisória, cautelar, apesar de não ser uma pena imposta, deve ser considerada como tal e, por isso, incluída na contagem final em caso de condenação. Muitas vezes, a condenação dá-se em um regime que não se exige o encarceramento, ou seja, o regime aberto.

A Lei nº 9.714/1998 trouxe alternativas à prisão-pena e a Lei nº 12.403/2011 trouxe alternativas à prisão provisória. Se a prisão provisória é computada na prisão-pena e, se as medidas alternati-

---

3. CAPEZ, F. *Curso de Direito Penal*. Parte Geral. 12. ed. São Paulo: Saraiva, 2008. v.1, p. 397.

vas substituem a prisão provisória, em uma interpretação sistemática processual e penal revela-se o cabimento do instituto da detração às medidas cautelares.

10. Lei nº 12.403/2011 e prisão provisória

Abrimos o tema com a lição do mestre Luiz Régis Prado, ao explicar a expressão "prisão provisória":

> É preciso esclarecer, por oportuno, que a prisão provisória mencionada pela lei é prisão processual, ou seja, a prisão que pode ocorrer previamente à sentença condenatória irrecorrível. Esse termo – "prisão provisória" – deve ser interpretado de modo amplo, abarcando todas as medidas cautelares de restrição da liberdade. Engloba, pois, a prisão em flagrante, a prisão temporária, a prisão preventiva e também a prisão decorrente de sentença de pronúncia e de decisão condenatória recorrível.[4]

Antes do advento da nova lei, a doutrina majoritária alinhava as prisões provisórias, processuais ou cautelares, da seguinte forma:

a) prisão em flagrante;

b) prisão temporária;

c) prisão preventiva;

d) prisão decorrente de sentença de pronúncia;

e) prisão decorrente de decisão condenatória recorrível.

Após a nova lei, a classificação continua? Vamos analisá-la.

A prisão em flagrante continua, porém, tornou-se efêmera, curta, pois a neófita redação do art. 310, expressamente determina ao juiz que, ao receber o auto de prisão em flagrante, deverá fundamentadamente: a) relaxar a prisão ilegal; b) converter a prisão em flagrante em preventiva, quando presentes os requisitos constantes do art. 312 deste Código, e se revelarem inadequadas ou insuficientes as medidas

---

4. PRADO, L. R. *Curso de Direito Penal Brasileiro*. Parte Geral. 4. ed. São Paulo: Revista dos Tribunais, 2004. v. 1. p. 551.

cautelares diversas da prisão; c) conceder liberdade provisória, com ou sem fiança.

A prisão em flagrante, tal como era, aquela hipótese em que o juiz prontamente recebia o auto de prisão e nos termos da cota ministerial a mantinha, não mais subsiste. O professor Luiz Flávio Gomes fala em uma prisão pré-cautelar. Agora, o juiz tem quatro opções e não três, como faz crer a disposição dos incisos:

1ª) relaxa a prisão ilegal, se for o caso; se a prisão for legal, toma uma das medidas a seguir;

2ª) aplica a liberdade provisória, com ou sem fiança, sem cumular com as medidas cautelares (art. 321);

3ª) aplica a liberdade provisória em conjunto com uma ou mais medidas cautelares (art. 321);

4ª) converte a prisão em flagrante em prisão preventiva nos termos do art. 312 do Código de Processo Penal.

A prisão temporária continua sendo uma prisão cautelar aplicável na fase de investigação, nos termos da Lei nº 7.960/89. A prisão preventiva também permanece como espécie de prisão provisória, regulada pelos arts. 311 a 316 do Código de Processo Penal. As espécies de prisão para apelar, a decorrente de sentença condenatória recorrível e a decorrente da sentença de pronúncia não mais subsistem no sistema processual penal brasileiro.

11. Lei nº 12.403/2011 e apresentação espontânea do acusado

O antigo art. 317, não ratificado pela nova lei, expressava o seguinte: "A apresentação espontânea do acusado à autoridade não impedirá a decretação da prisão preventiva nos casos em que a lei autoriza". Apesar de tal redação não ter sido lembrada pela nova lei, o fato de se apresentar espontaneamente à autoridade não exime o acusado da prisão cautelar, quando preenchidos os requisitos legais.

12. Artigos alterados

A nova lei alterou os seguintes artigos: 282, 283, 289, 299, 300, 306, 310, 311, 312, 313, 314, 315, 317, 318, 319, 320, 321, 322, 323, 324, 325, 334, 335, 336, 337, 341, 343, 344, 345, 346, 350 e 439, todos do Código de Processo Penal.

13. Do título

Redação antiga	Redação atual
Título IX Da prisão e da liberdade provisória.	Título IX Da prisão, das medidas cautelares e da liberdade provisória.

Anteriormente, o título IX tratava apenas da prisão e da liberdade provisória. Atualmente, o título IX acrescentou o tema, "das medidas cautelares" disposto nos arts. 282 a 350.

14. Artigo 282, *caput*

Redação antiga	Redação atual
Sem correspondência	Art. 282. As medidas cautelares previstas neste Título deverão ser aplicadas observando-se a [...]

O *caput* do art. 282 estabelece que as medidas cautelares previstas no título IX serão aplicadas observando-se os requisitos relacionados nos incisos I e II. Deve-se entender, portanto, que a expressão "medidas cautelares", em sentido amplo, abrange os dispostos a seguir.

15. Artigo 282, inciso I

Redação antiga	Redação atual
Sem correspondência	Art. 282. [...] I – necessidade para aplicação da lei penal, para a investigação ou a instrução criminal e, nos casos expressamente previstos, para evitar a prática de infrações penais.

A rigor, não havia um dispositivo semelhante na legislação anterior. Prevê o art. 282 que as medidas cautelares, incluindo a prisão e liberdade provisória, deverão ser aplicadas observando-se dois critérios: a necessidade e a adequação.

Pergunta-se: quando as medidas cautelares serão necessárias e quando serão adequadas?

A própria lei cuidou da definição dos dois temas. As medidas cautelares serão necessárias em quatro situações:

1ª) para a aplicação da lei penal;

2ª) para a investigação;

3ª) para a instrução criminal;

4ª) nos casos expressamente previstos para evitar a prática de infrações penais.

Numa primeira análise, percebe-se que o legislador considerou a lei necessária para proteger a norma (1ª e 4ª situações) e o processo (2ª e 3ª situações).

Quanto à necessidade da cautelaridade, as hipóteses são alternativas, ou seja, basta que o juiz fundamente-se em uma das situações apresentadas. Evidentemente, o juiz deverá fundamentar a sua decisão em qualquer das hipóteses, de modo a não afrontar dispositivo constitucional.

16. Artigo 282, inciso II

Redação antiga	Redação atual
Sem correspondência	Art. 282. [...] II – adequação da medida à gravidade do crime, circunstâncias do fato e condições pessoais do indiciado ou acusado.

Por outro lado, as medidas cautelares devem ser adequadas em três situações:

1ª) gravidade do crime;

2ª) circunstâncias do fato;

3ª) condições pessoais do indiciado ou acusado.

Atinente à adequação das medidas cautelares, preocupou-se o legislador quanto ao fato (1ª e 2ª) e quanto ao agente do fato (3ª).

As medidas cautelares serão aplicadas levando-se em conta a gravidade da conduta criminosa. Logo, não será qualquer crime, apenas os mais graves.

Pergunta-se: o que é um crime grave? São os crimes hediondos? São os praticados mediante grave ameaça ou violência? Essas respostas estão na doutrinas e nos julgados.

No caso da adequação, não ficou claro se as hipóteses são cumulativas ou alternativas, ou seja: a medida cautelar será adequada bastando que o crime seja grave ou, além da gravidade, deverão ser levadas em conta as circunstâncias do fato e as condições pessoais do indiciado ou acusado?

Podemos ter a seguinte situação: a decretação da prisão cautelar para a investigação de um delito de furto, levando-se em conta o fato de o indiciado estar sendo processado por outro delito. Entendemos que o juiz responsável por decretar a medida deverá, ao aplicar os critérios, utilizar-se de ponderação e razoabilidade, sob pena de converter as medidas recém criadas em um "nada" jurídico. Explico:

O nascimento de uma norma deve representar alguma modificação no ordenamento jurídico, uma nova ideologia, e não simplesmente continuar com os mesmos vícios e atitudes cômodas de permanecer aplicando o que sempre foi realizado. Comungamos do entendimento de que serão necessários debates, seminários, mesas de estudos, pois, a discussão teórica leva à correta aplicação da lei. A teoria e a prática são indissociáveis, são gêmeas, portam o mesmo DNA, não existindo uma sem a outra.

A *mens legis*, indubitavelmente, deve ser pensada, debatida, refletida e aplicada, a menos que viole princípios ou dispositivos hierarquicamente superiores. De imediato, podemos concluir que, para a aplicação das medidas cautelares, são exigidos dois requisitos: necessidade e adequação.

As circunstâncias do fato referem-se às condições em que ocorreu, e cuja influência pode modificar sua essência ou substância, tais como motivação, excludentes, exculpantes e interferência de pessoas. Por fim, levam-se em conta as condições pessoais do indiciado ou acusado.

As condições pessoais, como a própria expressão sugere, relacionam-se com as características do indivíduo, envolvem toda a sua história de vida, tais como as psicológicas, os antecedentes criminais, a reincidência, o histórico familiar, o comportamento carcerário, as condições de habitação, de higiene física e mental, entre outros fatores.

17. Artigo 282, § 1º

Redação antiga	Redação atual
Sem correspondência	Art. 282. [...] § 1º. As medidas cautelares poderão ser aplicadas isolada ou cumulativamente.

As medidas cautelares poderão ser aplicadas de duas formas:

a) **isoladamente:** aplica-se apenas uma medida cautelar;

b) **cumulativamente:** serão aplicadas mais de uma medida cautelar, porém o magistrado deverá sempre levar em conta os requisitos da necessidade e da adequação, a fim de não fixar excessivamente as medidas cautelares.

18. Artigo 282, § 2º

Redação antiga	Redação atual
Sem correspondência	Art. 282. [...] § 2º. As medidas cautelares serão decretadas pelo juiz, de ofício ou a requerimento das partes ou, quando no curso da investigação criminal, por representação da autoridade policial ou mediante requerimento do Ministério Público.

As medidas cautelares sempre serão decretadas pelo juiz. Analisando a redação do parágrafo 2º, extrai-se o seguinte: na fase processual, o juiz poderá decretá-las de ofício ou a requerimento das partes. No curso da investigação criminal, o juiz o fará por representação da autoridade policial ou mediante requerimento do Ministério Público. Nessa fase, portanto, ele não poderá decretar de ofício e nem a pedido da defesa.

19. Artigo 282, § 3º

Redação antiga	Redação atual
Sem correspondência	Art. 282. [...] § 3º. Ressalvados os casos de urgência ou de perigo de ineficácia da medida, o juiz, ao receber o pedido de medida cautelar, determinará a intimação da parte contrária, acompanhada de cópia do requerimento e das peças necessárias, permanecendo os autos em juízo.

O juiz, ao receber o pedido de medida cautelar, determinará a intimação da parte contrária, acompanhada de cópia do requerimento e das peças necessárias, permanecendo os autos em juízo. Em regra, portanto, é seguido o contraditório. Assim, para decidir, deverá o magistrado ouvir a parte contrária.

Excepcionalmente, porém, em dois casos – urgência ou perigo de ineficácia da medida – a cautelar será concedida *inaudita altera pars*, justamente para preservar a eficácia da medida.

Pergunta-se: o que é "urgente" e o que pode causar perigo à ineficácia da medida?

Caberá ao magistrado, na análise do caso concreto, decidir o que é "urgente" ou o que pode causar "perigo de ineficácia da medida". Para tanto, o juiz dispõe de mais de uma dezena de medidas.

20. Artigo 282, § 4º

Redação antiga	Redação atual
Sem correspondência	Art. 282. [...] § 4º. No caso de descumprimento de qualquer das obrigações impostas, o juiz, de ofício ou mediante requerimento do Ministério Público, de seu assistente ou do querelante, poderá substituir a medida, impor outra em cumulação, ou, em último caso, decretar a prisão preventiva (art. 312, parágrafo único).

No caso de descumprimento de qualquer das obrigações, o juiz poderá tomar uma das três decisões:

1ª) substituir a medida imposta;

2ª) impor outra medida em cumulação à anteriormente imposta;

3ª) decretar, em último caso, a prisão preventiva, nos termos do parágrafo único do art. 312 do Código de Processo Penal.

O juiz poderá fazê-lo, de ofício ou mediante requerimento do Ministério Público, de seu assistente ou do querelante. Infere-se do comando normativo que a decretação da preventiva somente se dará em último caso, ou seja, o juiz deverá, num primeiro momento, substituir a medida imposta ou acrescer outra àquela já imposta anteriormente. Em suma, prisão preventiva somente em último caso.

21. Artigo 282, § 5º

Redação antiga	Redação atual
Sem correspondência	Art. 282. [...] § 5º. O juiz poderá revogar a medida cautelar ou substituí-la quando verificar a falta de motivo para que subsista, bem como voltar a decretá-la, se sobrevierem razões que a justifiquem.

O juiz poderá revogar a medida cautelar ou substituí-la quando verificar a falta de motivo para que subsista, bem como voltar a decretá-la, se sobrevierem razões que a justifiquem. Trata-se de verdadeiro poder de cautela conferido ao magistrado. Poderá o juiz, portanto:

1º) revogar a medida ou substituí-la quando ausente o motivo que ensejou a sua decretação;

2º) decretar novamente a medida revogada quando surgirem razões que justifiquem a ação (embora o parágrafo 5º não diga expressamente, entendemos que poderá decretar outra medida distinta da anterior).

22. Artigo 282, § 6º

Redação antiga	Redação atual
Sem correspondência	Art. 282. [...] § 6º. A prisão preventiva será determinada quando não for cabível a sua substituição por outra medida cautelar (art. 319).

A prisão preventiva somente será determinada quando não for cabível a sua substituição por outra medida cautelar, nos termos do art. 319 do Código Penal. Tal dispositivo relaciona nos seus nove incisos as medidas cautelares. O juiz deverá, cuidadosamente, analisar a possibilidade de substituir a medida cautelar. Uma vez mais, portanto, o legislador nos revela a sua mensagem: prisão preventiva somente em último caso (art. 282, § § 4º e 6º).

Por derradeiro, em breve resumo, podemos afirmar que, da análise conjunta dos parágrafos 4º e 5º, revela-se a substituição da medida cautelar em três casos:

1º) descumprimento de qualquer das obrigações;

2º) quando verificar a falta de motivo para que subsista;

3º) para evitar a decretação da prisão preventiva.

23. Artigo 283, *caput*

Redação antiga	Redação atual
Sem correspondência	Art. 283. Ninguém poderá ser preso senão em flagrante delito ou por ordem escrita e fundamentada da autoridade judiciária competente, em decorrência de sentença condenatória transitada em julgado ou, no curso da investigação ou do processo, em virtude de prisão temporária ou prisão preventiva.

Em regra, ninguém poderá ser preso pela prática de uma infração penal, salvo nas seguintes hipóteses:

1ª) em flagrante delito;

2ª) por ordem escrita e fundamentada da autoridade judiciária competente;

3ª) em decorrência de sentença condenatória transitada em julgado;

4ª) no curso da investigação, em virtude de prisão temporária ou prisão preventiva;

5ª) no curso do processo, em virtude de prisão temporária[5] ou prisão preventiva.

Cumpre-nos lembrar que o art. 5º, inciso LXI, da Constituição Federal, traz uma redação semelhante ao expressar: "ninguém será preso senão em flagrante delito ou por ordem escrita e fundamentada de autoridade judiciária competente, salvo nos casos de transgressão militar ou crime propriamente militar, definidos em lei".

Voltemos às hipóteses de prisão: a primeira é a prisão em flagrante, disciplinada no art. 302, do Código de Processo Penal. Considera-se em flagrante delito quem:

I – está cometendo a infração penal;

II – acaba de cometê-la;

III – é perseguido, logo após, pela autoridade, pelo ofendido ou por qualquer pessoa, em situação que faça presumir ser autor da infração;

IV – é encontrado, logo depois, com instrumentos, armas, objetos ou papéis que façam presumir ser ele autor da infração.

A segunda hipótese de prisão se dá por ordem escrita e fundamentada da autoridade judiciária competente, ou seja, não sendo caso de flagrante, a prisão somente poderá ser decretada por ordem escrita do juiz, que fundamentará seus motivos e determinará a expedição do mandado de prisão. Na esteira, preceitua o inciso IX do art. 93 da Magna Carta, que deverão ser fundamentadas todas as decisões, sob pena de nulidade. A terceira hipótese prevê a possibilidade de prisão temporária ou prisão preventiva no curso da investigação policial e a quarta hipótese admite a prisão temporária ou prisão preventiva, no curso do processo criminal.

---

5. Lei nº 7.960/1989.

24. Artigo 283, § 1º

Redação antiga	Redação atual
Sem correspondência	Art. 283. [...] § 1º. As medidas cautelares previstas neste Título não se aplicam à infração a que não for isolada, cumulativa ou alternativamente cominada pena privativa de liberdade.

As medidas cautelares não se aplicam à infração a que não for isolada, cumulativa ou alternativamente cominada pena privativa de liberdade. Assim, a cautelar somente será decretada quando a sanção penal prever a pena de prisão.

No ordenamento jurídico penal há três espécies de penas: privativa de liberdade, restritiva de direitos e de multa. Como se sabe, o legislador ao cominar a pena de prisão, o faz mencionando as espécies de pena privativa de liberdade: reclusão ou detenção; quando quer cominar a pena de multa, diz expressamente "multa"; a lei não prevê a pena restritiva de direitos (penas alternativas) de forma autônoma, mas de forma substitutiva, ou seja, o juiz aplica a pena de prisão e, após analisar os requisitos objetivos e subjetivos, a substitui por restritiva de direitos.

Assim, exemplificativamente, a medida cautelar será aplicada em uma das seguintes hipóteses:

- Pena – reclusão, de 1 a 4 anos (isoladamente)
- Pena – reclusão, de 1 a 4 anos ou multa (alternativamente)
- Pena – reclusão, de 1 a 4 anos e multa (cumulativamente)
- Pena – detenção, de 1 a 3 anos (isoladamente)
- Pena – detenção, de 1 a 3 anos ou multa (alternativamente)
- Pena – detenção, de 1 a 3 anos e multa (cumulativamente)

Em suma, as medidas cautelares poderão ser decretadas em todos os crimes, pois estes sempre serão punidos com pena de prisão, seja reclusão ou detenção. Não se pode dizer o mesmo quanto às contravenções penais, pois nestas é possível que a pena prevista seja somente a pena de multa. Explicamos as possibilidades:

- Pena – prisão simples, de 15 dias a 1 mês (isoladamente)
- Pena – prisão simples, de 15 dias a 1 mês ou multa (alternativamente)
- Pena – prisão simples, de 15 dias a 1 mês e multa (cumulativamente)
- Pena – multa (isoladamente)

Na última hipótese não será admitida medida cautelar em sentido amplo, ou seja, não caberá prisão processual, fiança, liberdade provisória ou outras medidas cautelares. Nas demais, será possível. Em suma, caberá aplicação das medidas cautelares em todos os crimes e nas contravenções penais, salvo quando for cominada apenas a pena de multa na contravenção penal.

25. Artigo 283, § 2º

Redação antiga	Redação atual
Art. 283. A prisão poderá ser efetuada em qualquer dia e a qualquer hora, respeitadas as restrições relativas à inviolabilidade do domicílio.	Art. 283. [...] § 2º. A prisão poderá ser efetuada em qualquer dia e a qualquer hora, respeitadas as restrições relativas à inviolabilidade do domicílio.

A prisão poderá ser efetuada em qualquer dia e a qualquer hora, respeitadas as restrições relativas à inviolabilidade do domicílio. Não houve alteração na redação do dispositivo, apenas migrou do *caput* do art. 283 para o parágrafo segundo.

A Constituição Federal trata do tema da inviolabilidade do domicílio no inciso XI, do art. 5º, ao dispor: "a casa é asilo inviolável do indivíduo, ninguém nela podendo penetrar sem consentimento do morador, salvo em caso de flagrante delito ou desastre, ou para prestar socorro, ou, durante o dia, por determinação judicial".

Portanto, há duas situações: prisão realizada fora do domicílio e dentro do domicílio. A prisão fora do domicílio poderá ser cumprida a qualquer dia e a qualquer hora e a prisão dentro do domicílio somente poderá ser cumprida obedecendo-se o mandamento constitucional da seguinte forma:

- durante o dia, por determinação judicial, ou seja, por meio de mandado de prisão;
- durante o dia ou à noite: nos casos de flagrante delito, desastre ou para prestar socorro.

A violação de domicílio é um crime expressamente previsto no art. 150 do Código Penal, que prevê pena de detenção de um a três meses ou multa para o indivíduo que "entrar ou permanecer, clandestina ou astuciosamente, ou contra a vontade expressa ou tácita de quem de direito, em casa alheia ou em suas dependências". Para clarear o tema, o parágrafo 4º estabelece que a expressão "casa" compreende qualquer compartimento habitado; aposento ocupado de habitação coletiva e compartimento não aberto ao público, onde alguém exerça profissão ou atividade. O parágrafo 5º, por sua vez, diz que não se compreendem na expressão "casa": I – hospedaria, estalagem ou qualquer outra habitação coletiva, enquanto aberta [...] e II – taverna, casa de jogo e outras do mesmo gênero.

26. Artigo 289, *caput*

Redação antiga	Redação atual
Art. 289. Quando o réu estiver no território nacional, em lugar estranho ao da jurisdição, será deprecada a sua prisão, devendo constar da precatória o inteiro teor do mandado.	Art. 289. Quando o acusado estiver no território nacional, fora da jurisdição do juiz processante, será deprecada a sua prisão, devendo constar da precatória o inteiro teor do mandado.

O atual art. 289, no *caput,* fala em "acusado"; o anterior em "réu". É uma tendência, pois a expressão "réu" é pejorativa, uma "quase condenação" social, pois o réu é um criminoso perigoso, se não fosse, não estaria sendo processado criminalmente. Melhor a atual expressão "acusado", pois reflete a realidade fática e jurídica de alguém sendo acusado formalmente da prática de uma infração penal. As demais alterações do *caput* não surtem efeitos jurídicos.

Assim, nos termos do art. 289, *caput*, quando o acusado estiver no território nacional, fora da jurisdição do juiz processante, será deprecada a sua prisão e deverá constar da precatória o inteiro teor do mandado. O juiz processante é o juiz deprecante, aquele que expede a carta precatória (precatória ou deprecata), solicitando ao juiz deprecado que a receba e cumpra a prisão.

27. Artigo 289, § 1º

Redação antiga	Redação atual
Art. 289. [...] Parágrafo único. Havendo urgência, o juiz poderá requisitar a prisão por telegrama, do qual deverá constar o motivo da prisão, bem como, se afiançável a infração, o valor da fiança. No original levado à agência telegráfica será autenticada a firma do juiz, o que se mencionará no telegrama.	Art. 289. [...] § 1º. Havendo urgência, o juiz poderá requisitar a prisão por qualquer meio de comunicação, do qual deverá constar o motivo da prisão, bem como o valor da fiança se arbitrada.

A redação anterior falava em "telegrama", meio apropriado da época. Atualmente, a lei refere-se a qualquer meio de comunicação.

Havendo urgência,* o juiz poderá requisitar a prisão. Repare que a lei diz "requisição", ou seja, uma ordem a ser cumprida e, tratando-se de ordem, o seu não cumprimento caracteriza o delito de desobediência ou prevaricação, conforme o caso. No meio de comunicação utilizado (por exemplo, telefone, e-mail, fax, telegrama, rádio, entre outros) deverá constar o motivo da prisão e o valor da fiança, caso seja arbitrada.

---

* Diante da urgência do caso, o juiz processante requisita a prisão por telefone. Exemplo: a pessoa procurada está em um restaurante na comarca "B"; a autoridade policial da comarca "A" é informada do fato por meio de denúncia anônima; esta comunica imediatamente ao juiz processante da comarca "A". Nesse caso, diante da urgência, o juiz processante requisita a prisão por telefone.

28. Artigo 289, § 2º

Redação antiga	Redação atual
Sem correspondência	Art. 289. [...] § 2º. A autoridade a quem se fizer a requisição tomará as precauções necessárias para averiguar a autenticidade da comunicação.

A autoridade que receber a requisição (ordem) tomará as precauções necessárias para averiguar a autenticidade da comunicação; tal precaução deverá ser imediata, a fim de não frustrar o comando normativo, nascido com o propósito de dar efetivo cumprimento às ordens judiciais.

29. Artigo 289, § 3º

Redação antiga	Redação atual
Sem correspondência	Art. 289. [...] § 3º. O juiz processante deverá providenciar a remoção do preso no prazo máximo de 30 (trinta) dias, contados da efetivação da medida.

O juiz processante (deprecante) deverá providenciar a remoção do preso no prazo máximo de 30 dias, contados da efetivação da medida, ou seja, uma vez cumprida a medida (prisão), o acusado será removido para a comarca do juiz deprecado, no prazo de 30 dias.

30. Artigo 299, *caput*

Redação antiga	Redação atual
Art. 299. Se a infração for inafiançável, a captura poderá ser requisitada, à vista de mandado judicial, por via telefônica, tomadas pela autoridade, a quem se fizer a requisição, as precauções necessárias para averiguar a autenticidade desta.	Art. 299. A captura poderá ser requisitada, à vista de mandado judicial, por qualquer meio de comunicação, tomadas pela autoridade, a quem se fizer a requisição, as precauções necessárias para averiguar autenticidade desta.

Anteriormente, o art. 299 exigia ser a infração inafiançável. A atual redação não distingue entre infração afiançável ou inafiançável, assim sendo, em ambas as hipóteses a captura poderá ser requisitada à autoridade por qualquer meio de comunicação (e não somente por via telefônica como anteriormente). Ao verificar o mandado judicial, a autoridade requisitada tomará as precauções necessárias para conferir a autenticidade da ordem de prisão e, após, cumpri-la.

31. Artigo 300, *caput*

Redação antiga	Redação atual
Art. 300. Sempre que possível, as pessoas presas provisoriamente ficarão separadas das que já estiverem definitivamente condenadas.	Art. 300. As pessoas presas provisoriamente ficarão separadas das que já estiverem definitivamente condenadas, nos termos da lei de execução penal.

A alteração legislativa é significativa, com reflexos diretos na prisão processual. Anteriormente, a lei ressalvava "sempre que possível", já a atual redação afirma que as pessoas presas "ficarão", ou seja, "deverão ficar" separadas, independentemente de ser possível ou não. As pessoas presas provisoriamente ficarão separadas das que já estiverem definitivamente condenadas, nos termos da lei de execução penal.

A nosso ver, na ausência de vagas específicas aos presos provisórios, a prisão domiciliar mostra-se como primeira medida, salvo melhor entendimento do magistrado.

32. Artigo 300, parágrafo único

Redação antiga	Redação atual
Sem correspondência	Art. 300. [...] Parágrafo único. O militar preso em flagrante delito, após a lavratura dos procedimentos legais, será recolhido a quartel da instituição a que pertencer, onde ficará preso à disposição das autoridades competentes.

O Código de Processo Penal não tratava da prisão em flagrante do militar. Na atual redação, o militar preso em flagrante delito será recolhido ao quartel da instituição à qual pertencer, e permanecerá à disposição das autoridades competentes. O recolhimento, porém, somente ocorrerá após a lavratura dos procedimentos legais.

33. Artigo 306, *caput*

Redação antiga	Redação atual
Art. 306. A prisão de qualquer pessoa e o local onde se encontre serão comunicados imediatamente ao juiz competente e à família do preso ou a pessoa por ele indicada. (Redação dada pela Lei nº 11.449, de 2007.)	**Art. 306.** A prisão de qualquer pessoa e o local onde se encontre serão comunicados imediatamente ao juiz competente, ao Ministério Público e à família do preso ou à pessoa por ele indicada.

Conforme se vê, o *caput* do art. 306 foi modificado pela Lei nº 11.449/2007, que apenas copiou o comando disposto no inciso LXII, do art. 5º da CRFB. Portanto, não inovou o ordenamento jurídico.

A atual redação, porém, determina que a prisão de qualquer pessoa, bem como o lugar onde se encontre, deverão ser comunicados, de forma imediata, ao juiz competente, ao Ministério Público e à família do preso ou à pessoa indicada por ele. Percebe-se, de plano, que a única modificação é a inserção do *Parquet* no rol daqueles que devem ser informados acerca da prisão. Todavia, observarmos que, antes, o juiz competente, ao conhecer a prisão, abria vista ao órgão ministerial a fim de opinar sobre a legalidade da prisão. A nosso ver, por conseguinte, não houve efetiva repercussão jurídica.

34. Artigo 306, § 1º

Redação antiga	Redação atual
Art. 306. [...] § 1º. Dentro em 24h (vinte e quatro horas) depois da prisão, será encaminhado ao juiz competente o auto de prisão em flagrante acompanhado de todas as oitivas colhidas e, caso o autuado não informe o nome de seu advogado, cópia integral para a Defensoria Pública. (Redação dada pela Lei nº 11.449, de 2007)	Art. 306. [...] § 1º. Em até 24 (vinte e quatro) horas após a realização da prisão, será encaminhado ao juiz competente o auto de prisão em flagrante e, caso o autuado não informe o nome de seu advogado, cópia integral para a Defensoria Pública.

A redação antiga mencionava "dentro em 24 horas", a atual "em até 24 horas". Nesse ponto, nenhuma alteração jurídica, uma vez que o prazo continua sendo de 24 horas. O comando anterior dizia que acompanhariam o auto de prisão em flagrante todas as oitivas colhidas, já o comando atual se omite.

Conclui-se, portanto, que no prazo de 24 horas após a prisão será enviado ao juiz competente o auto de prisão em flagrante e, na hipótese do autuado não informar o nome de seu advogado, será remetida uma cópia integral do auto à Defensoria Pública. Quanto às oitivas colhidas no auto de prisão, não se exige que todas o acompanhem, elas podem ser enviadas posteriormente.

35. Artigo 306, § 2º

Redação antiga	Redação atual
Art. 306. [...] § 2º. No mesmo prazo, será entregue ao preso, mediante recibo, a nota de culpa, assinada pela autoridade, com o motivo da prisão, o nome do condutor e o das testemunhas. (Incluído pela Lei nº 11.449, de 2007)	Art. 306. [...] § 2º. No mesmo prazo, será entregue ao preso, mediante recibo, a nota de culpa, assinada pela autoridade, com o motivo da prisão, o nome do condutor e os nomes das testemunhas.

Sem alterações. No prazo de 24 horas, além da obrigatoriedade de enviar o auto de prisão, será entregue ao preso a nota de culpa (mediante recibo) assinada pela autoridade com os seguintes requisitos: o motivo da prisão, o nome do condutor e o nome das testemunhas.

36. Artigo 310, *caput*

Redação antiga	Redação atual
Art. 310. [...] Parágrafo único. Igual procedimento será adotado quando o juiz verificar, pelo auto de prisão em flagrante, a inocorrência de qualquer das hipóteses que autorizam a prisão preventiva (arts. 311 e 312). (Incluído pela Lei nº 6.416, de 24.5.1977)	**Art. 310.** Ao receber o auto de prisão em flagrante, o juiz deverá fundamentadamente: I – relaxar a prisão ilegal; ou II – converter a prisão em flagrante em preventiva, quando presentes os requisitos constantes do art. 312 deste Código, e se revelarem inadequadas ou insuficientes as medidas cautelares diversas da prisão; ou III – conceder liberdade provisória, com ou sem fiança.

À primeira vista, pela disposição dos incisos, o juiz deve tomar uma entre três decisões. É um equívoco, pois, na verdade, são cinco opções que se mostram ao juiz que recebe o auto de prisão em flagrante, devendo sempre fundamentá-la:

1ª) relaxar a prisão ilegal (a redação anterior não trazia tal previsão, porém, o juiz, verificando a ilegalidade da prisão já decretava sua ilegalidade. Portanto, não houve significativa alteração);

2ª) conceder a liberdade provisória sem fiança e sem medida cautelar;

3ª) conceder a liberdade provisória sem fiança e fixar o cumprimento de uma ou mais medidas cautelares;

4ª) conceder a liberdade provisória com fiança e fixar o cumprimento de uma ou mais medidas cautelares;

5ª) converter a prisão em flagrante em preventiva, quando presentes os requisitos constantes do art. 312 do Código de Processo Penal e quando as medidas cautelares (como alternativas à prisão preventiva) forem inadequadas ou insuficientes.

37. Artigo 310, parágrafo único

Redação antiga	Redação atual
Art. 310. Quando o juiz verificar pelo auto de prisão em flagrante que o agente praticou o fato, nas condições do art. 19, I, II e III, do Código Penal, poderá, depois de ouvir o Ministério Público, conceder ao réu liberdade provisória, mediante termo de comparecimento a todos os atos do processo, sob pena de revogação.	Art. 310. [....] Parágrafo único. Se o juiz verificar, pelo auto de prisão em flagrante, que o agente praticou o fato nas condições constantes dos incisos I a III do *caput* do art. 23 do Decreto-Lei nº 2.848, de 7 de dezembro de 1940 – Código Penal, poderá, fundamentadamente, conceder ao acusado liberdade provisória, mediante termo de comparecimento a todos os atos processuais, sob pena de revogação.

O parágrafo único do art. 310 é semelhante ao antigo *caput* do art. 310. Há três diferenças:

1ª) O artigo anterior mencionava o art. 19 que vigorava antes da reforma da parte geral de 1984 do vigente Código Penal; o atual refere-se ao art. 23 do Código Penal.

2ª) Na redação antiga, o juiz deveria ouvir o Ministério Público antes de conceder a ordem; na atual, o juiz poderá concedê-la mesmo sem ouvir o órgão ministerial. Há polêmica no tema, pois para uns, trata-se de uma mera omissão do legislador, um esquecimento, já que o juiz deve ouvir o promotor de justiça; para outros, a omissão foi proposital, tratando-se de um poder do juiz de conceder a liberdade provisória e, após, abrir vista ao membro do *Parquet*. Preferimos o segundo pensamento, porque o juiz não defere ou indefere o pedido por causa do parecer do Ministério Público, justamente por se tratar de uma opinião, um parecer. Concedendo ou não ordem, o juiz abre vista ao promotor de justiça.

3ª) A atual redação exige fundamentação; a anterior não o fazia expressamente, todavia, em respeito ao princípio da motivação dos atos processuais previsto na Constituição Federal, já era dever do magistrado a motivação.

No bojo do tema, entretanto, não houve mudanças. O juiz, ao verificar o auto de prisão em flagrante e constatar que o agente praticou o fato amparado em uma das causas excludentes da ilicitude, poderá, fundamentadamente, conceder ao acusado liberdade provisória, mediante termo de comparecimento a todos os atos processuais, sob pena de revogação. Somente a título de revisão, as excludentes da antijuridicidade ou ilicitude são legítima defesa, estado de necessidade, estrito cumprimento de dever legal e exercício regular de direito.

Embora a lei diga que se trata de um "poder", depreende-se que se trata de um "poder-dever", ou seja, uma vez convencido da presença de uma excludente, o juiz deverá conceder a liberdade provisória, sob pena de a prisão tornar-se ilegal, pois a existência da excludente afasta o delito e, não havendo conduta criminosa, não se justifica o cárcere.

38. Artigo 311

Redação antiga	Redação atual
Art. 311. Em qualquer fase do inquérito policial ou da instrução criminal, caberá a prisão preventiva decretada pelo juiz, de ofício, a requerimento do Ministério Público, ou do querelante, ou mediante representação da autoridade policial. (Redação dada pela Lei nº 5.349, de 3.11.1967)	Art. 311. Em qualquer fase da investigação policial ou do processo penal, caberá a prisão preventiva decretada pelo juiz, de ofício, se no curso da ação penal, ou a requerimento do Ministério Público, do querelante ou do assistente, ou por representação da autoridade policial.

A antiga redação utiliza a expressão "inquérito policial", enquanto a nova emprega "investigação policial". Considerando que há distinção entre inquérito e termo circunstanciado, acertou o legislador ao preferir esta última, porque o termo abrange toda a investigação policial.

A redação atual fala em "processo penal" e a anterior em "instrução criminal". A primeira expressão é mais ampla, pois trata de todo o processo penal, o qual se inicia com a propositura da ação penal (denúncia ou queixa), enquanto a instrução criminal relaciona-se apenas com a fase de coleta de provas.

Em suma, a prisão preventiva poderá ser decretada em qualquer fase da investigação policial ou do processo penal. O decreto da preventiva é exclusivo do juiz, o qual poderá determiná-la, de ofício, somente no curso da ação penal. Em qualquer fase, investigação ou ação penal, caberá também a custódia preventiva, se for requerida pelo Ministério Público, pelo querelante, assistente ou mediante representação da autoridade policial.

A fundamental inovação foi a inserção do assistente como requerente da prisão preventiva. Antes, não era possível por ausência de previsão legal.

Um ponto que está gerando debate é o juiz somente poder decretar, de ofício, a prisão preventiva no curso da ação penal. Não é mais permitido na investigação policial. A questão é se essa nova disposição legal se estende às leis especiais. Por exemplo, pela Lei Maria da Penha o juiz pode decretar medidas de ofício, inclusive prisão. Assim, com a nova lei, esse dispositivo não mais vigora?

A nosso ver, trata-se de um conflito aparente de normas, um caso de *antinomia* de segundo grau, ou seja, quando se tem um conflito de *norma especial anterior* (Lei Maria da Penha) com uma *norma geral posterior* (Código de Processo Penal), prevalece o critério da especialidade, valendo a primeira norma.

Polêmicas à parte, divergimos daqueles que entendem que essa nova norma – de o juiz não poder mais decretar, de ofício, a prisão preventiva – aplica-se a qualquer procedimento, comum ou especial, em vista de tratar-se de um aparente conflito e não de um real conflito, solucionado pela doutrina especializada no assunto.

39. Artigo 312, *caput*

Redação antiga	Redação atual
Art. 312. A prisão preventiva poderá ser decretada como garantia da ordem pública, da ordem econômica, por conveniência da instrução criminal, ou para assegurar a aplicação da lei penal, quando houver prova da existência do crime e indício suficiente de autoria. (Redação dada pela Lei nº 8.884, de 11.6.1994)	Art. 312. A prisão preventiva poderá ser decretada como garantia da ordem pública, da ordem econômica, por conveniência da instrução criminal, ou para assegurar a aplicação da lei penal, quando houver prova da existência do crime e indício suficiente de autoria.

As alterações da Lei nº 12.403/2011 afetaram não só o ordenamento jurídico, como também a ira e indignação de muitas pessoas. Assim, é oportuno lembrar que a redação original do Código de Processo Penal expressava, no seu art. 312, que a prisão preventiva somente seria decretada nos crimes com pena de reclusão igual ou superior a 10 anos, ou seja, em uma interpretação inversa, não cabia a preventiva aos crimes com penas inferiores a esse mesmo período.

Em 1967, surgiu a redação que perdura até hoje, escapando de um critério meramente quantitativo de pena para o preenchimento de requisitos para a decretação da segregação cautelar. Assim, desde então, a prisão preventiva pôde ser decretada como garantia da ordem pública, por conveniência da instrução criminal ou para assegurar a aplicação da lei penal, sempre que houver prova de existência do crime e indícios suficientes da autoria.

Entendemos, contudo, que a nova disposição se alinha com os demais institutos jurídicos, regime aberto e penas restritivas de direitos, pois o limite de quatro anos de prisão é utilizado como critério de concessão dessas benesses. Se uma pena, já aplicada, não leva o condenado ao cárcere, muito menos o levará a uma desnecessária prisão provisória.

40. Artigo 312, parágrafo único

Redação antiga	Redação atual
Sem correspondência	Art. 312. [...] Parágrafo único. A prisão preventiva também poderá ser decretada em caso de descumprimento de qualquer das obrigações impostas por força de outras medidas cautelares (art. 282, § 4º).

Diante das inovações legislativas, prevê o Código de Processo Penal que a preventiva também poderá ser decretada em caso de descumprimento de qualquer uma das obrigações impostas por força de medidas cautelares. Porém, recordemo-nos que o parágrafo 4º do art. 282 determina que, no caso de descumprimento de qualquer das obrigações impostas, o juiz, de ofício ou mediante requerimento do Ministério Público, de seu assistente ou do querelante, poderá substituir a medida, impor outra em cumulação, ou, em último caso, decretar a prisão preventiva.

41. Artigo 313, *caput*

Redação antiga	Redação atual
Art. 313. Em qualquer das circunstâncias, previstas no artigo anterior, será admitida a decretação da prisão preventiva nos crimes dolosos [...] (Redação dada pela Lei nº 6.416, de 24.5.1977)	Art. 313. Nos termos do art. 312 deste Código, será admitida a decretação da prisão preventiva [...]

A atual redação é semelhante à antiga, porém, com uma diferença: o *caput* anterior expressava que a decretação da preventiva somente se daria nos crimes dolosos. A atual, silenciou. Todavia, exige o dolo nos incisos I e II, mas não no inciso III, que iremos comentar mais adiante.

42. Artigo 313, inciso I

Redação antiga	Redação atual
Art. 313. [...] I – punidos com reclusão. (Redação dada pela Lei nº 6.416, de 24.5.1977)	Art. 313. [...] I – nos crimes dolosos punidos com pena privativa de liberdade máxima superior a 4 (quatro) anos.

Para a decretação da preventiva, a redação anterior exigia que o crime fosse punido com reclusão, já a atual exige que o crime doloso seja punido com pena de prisão máxima superior a quatro anos, não importando ser reclusão ou detenção. Da alteração legislativa, extrai-se que, em vez de um critério qualitativo, preferiu-se o quantitativo. Em suma, nos crimes punidos com pena máxima até quatro anos não cabe prisão preventiva.

43. Artigo 313, inciso II

Redação antiga	Redação atual
Art. 313. [...] III – se o réu tiver sido condenado por outro crime doloso, em sentença transitada em julgado, ressalvado o disposto no parágrafo único do art. 46 do Código Penal. (Redação dada pela Lei nº 6.416, de 24.5.1977)	Art. 313. [...] II – se tiver sido condenado por outro crime doloso, em sentença transitada em julgado, ressalvado o disposto no inciso I do *caput* do art. 64 do Decreto-Lei nº 2.848, de 7 de dezembro de 1940 – Código Penal.

A única alteração relevante foi a substituição da ressalva contida do parágrafo único do art. 46 pela do art. 64, inciso I, ambos do Código Penal, ou seja, a redação do artigo 313 foi atualizada de acordo com o Código Penal vigente. Cabe prisão preventiva se o acusado tiver sido condenado por outro crime doloso, com sentença transitada em julgado. Enquanto não sobrevier a coisa julgada não há fundamento para o decreto prisional.

A segunda parte do inciso II traz a exceção de não ser cabível a preventiva, ainda que o acusado tenha sido condenado por outro delito doloso com sentença transitada em julgado se, entre a data do cumprimento ou extinção da pena e a infração posterior, tiver decorrido período de tempo superior a cinco anos, computado o período de prova da suspensão ou do livramento condicional, se não ocorrer revogação. Nesse inciso, não há limite mínimo de pena, basta a reincidência.

Exemplificando: a prática do delito de furto não dá ensejo a uma preventiva; situação diversa se o agente for reincidente em crime doloso, o que possibilita a prisão processual preventiva.

44. Artigo 313, inciso III

Redação antiga	Redação atual
Art. 313. [...] IV – se o crime envolver violência doméstica e familiar contra a mulher, nos termos da lei específica, para garantir a execução das medidas protetivas de urgência. (Incluído pela Lei nº 11.340, de 2006)	Art. 313. [...] III – se o crime envolver violência doméstica e familiar contra a mulher, criança, adolescente, idoso, enfermo ou pessoa com deficiência, para garantir a execução das medidas protetivas de urgência.

O atual inciso III trouxe modificações em relação ao antigo inciso IV. Cabe prisão preventiva se o crime praticado envolver violência doméstica e familiar para garantir a execução das medidas protetivas de urgência contra as seguintes pessoas:

- mulher;
- criança;
- adolescente;
- idoso;
- enfermo;
- pessoa com deficiência.

Como se vê, o rol foi ampliado. Antes, o inciso falava somente em mulher. É importante ressaltar que, somente será cabível a prisão se o crime envolver violência doméstica e familiar contra essas pessoas, com a finalidade de garantir a execução das medidas protetivas de urgência, ou seja, se não houver tal necessidade, não há fundamento para a reprimenda prisional.

Nesse inciso, também não há limitação da pena, e o agente não precisa ser reincidente. A preventiva será decretada pelo fato de o crime envolver violência doméstica e familiar contra a mulher, criança, adolescente, idoso, enfermo ou pessoa com deficiência, como meio de garantir a execução das medidas protetivas de urgência.

A medida se justifica, pois os crimes contra a mulher, em geral, são apenados minimamente, como lesão corporal leve, ameaça e crimes contra a honra. Eles não atingem o limite mínimo de quatro anos. Na esteira, o legislador resolveu, acertadamente, incluir adolescente, idoso, enfermo ou pessoa com deficiência, em razão de sua posição de hipossuficiência perante o agressor.

45. Artigo 313, inciso IV

Redação antiga	Redação atual
Art. 313. [...] IV – se o crime envolver violência doméstica e familiar contra a mulher, nos termos da lei específica, para garantir a execução das medidas protetivas de urgência. (Incluído pela Lei nº 11.340, de 2006)	Art. 313. [...] IV – (revogado).

O inciso IV foi revogado diante da preferência do legislador em acrescer um parágrafo, e o antigo inciso IV migrou para o inciso III, comentado anteriormente.

46. Artigo 313, parágrafo único

Redação antiga	Redação atual
Art. 313. [...] II – punidos com detenção, quando se apurar que o indiciado é vadio ou, havendo dúvida sobre a sua identidade, não fornecer ou não indicar elementos para esclarecê-la. (Redação dada pela Lei nº 6.416, de 24.5.1977)	Art. 313. [...] Parágrafo único. Também será admitida a prisão preventiva quando houver dúvida sobre a identidade civil da pessoa ou quando esta não fornecer elementos suficientes para esclarecê-la, devendo o preso ser colocado imediatamente em liberdade após a identificação, salvo se outra hipótese recomendar a manutenção da medida.

A atual redação é semelhante à segunda parte do antigo inciso II, porém com alguns acréscimos. Vamos à semelhança.

Além das hipóteses de prisão preventiva previstas nos incisos anteriores, cabe ainda a prisão preventiva em mais duas:
* quando houver dúvida sobre a identidade civil da pessoa;
* quando a pessoa não fornecer elementos suficientes para esclarecer a dúvida sobre a sua identidade civil.

A diferença é que a nova redação determina que o preso deve ser colocado imediatamente em liberdade após a identificação, exceto se outra hipótese recomendar continuidade da sua prisão. A primeira parte do inciso II da redação anterior foi revogada, e não cabe mais prisão preventiva quando se apurar que o réu é vadio (acertada a decisão do legislador). A redação antiga expressava resquícios do abominado "direito penal do autor", o qual pune a pessoa pelo que ela é, e não pelo que ela faz, copiando o regime nazista que fundamentou as suas ações em tal apoio normativo. Punir alguém somente por ser vadio viola todos os princípios fundamentais do direito penal. Predomina, atualmente, o "direito penal do fato", punindo-se o autor pelo que ele fizer, pelos seus atos, por sua conduta, comissiva ou omissiva.

47. Artigo 314

Redação antiga	Redação atual
Art. 314. A prisão preventiva em nenhum caso será decretada se o juiz verificar pelas provas constantes dos autos ter o agente praticado o fato nas condições do art. 19, I, II ou III, do Código Penal. (Redação dada pela Lei nº 5.349, de 3.11.1967)	Art. 314. A prisão preventiva em nenhum caso será decretada se o juiz verificar pelas provas constantes dos autos ter o agente praticado o fato nas condições previstas nos incisos I, II e III do *caput* do art. 23 do Decreto-Lei nº 2.848, de 7 de dezembro de 1940 – Código Penal

A única alteração do art. 314 se deu quanto ao artigo que trata das excludentes da ilicitude. A antiga redação mencionava o art. 19 do Código Penal (anterior à reforma de 1984), enquanto o atual refere-se ao art. 23.

Determina o dispositivo que a prisão preventiva não será decretada quando o juiz verificar pelas provas constantes dos autos que o agente praticou o fato nas condições previstas nos incisos I, II e III do *caput* do art. 23 do Código Penal.

Que condições são essas? São as excludentes da ilicitude, quais sejam:

- legítima defesa;
- estado de necessidade;
- estrito cumprimento do dever legal;
- exercício regular do direito.

Para tomar tal decisão, o juiz analisará as provas constantes dos autos, por exemplo, a testemunhal. A coleta dos depoimentos, assim, é de suma importância, pois, é com base neles que o juiz decreta ou não a preventiva.

48. Artigo 315

Redação antiga	Redação atual
Art. 315. O despacho que decretar ou denegar a prisão preventiva será sempre fundamentado. (Redação dada pela Lei nº 5.349, de 3.11.1967)	Art. 315. A decisão que decretar, substituir ou denegar a prisão preventiva será sempre motivada.

A atual redação trouxe algumas modificações.

1ª) A antiga redação mencionava "despacho", enquanto a atual diz "decisão". Não houve repercussão jurídica na alteração, pois tratando-se de "despacho" ou "decisão", o art. 581 do Código de Processo Penal prevê o recurso em sentido estrito quando o juiz indeferir requerimento de prisão preventiva ou revogá-la. De mais a mais, despacho é uma das espécies de decisão do juiz.

2ª) A antiga redação trazia duas possibilidades de despacho: decretar ou denegar a prisão preventiva, já a atual trouxe três: decretar, substituir ou denegar.

Significativa a modificação. Conforme já estudado em outros dispositivos, a prisão preventiva é a *ultima ratio* como medida cautelar, somente deve ser decretada em último caso, assim, o dispositivo se harmoniza com as demais alterações.

Em suma, atualmente o juiz poderá tomar três decisões:

- decretar a prisão preventiva;
- substituir a prisão preventiva;
- denegar a prisão preventiva.

3ª) A antiga redação determinava que o despacho deveria ser "fundamentado" e a atual diz que deve ser "motivado". Alteração sem repercussão. Motivar a decisão significa dar fundamento jurídico. A Constituição Federal, no inciso IX do art. 93, com a redação dada pela Emenda Constitucional nº 45/2004, dispõe que todas as decisões judiciais devem ser fundamentadas.

49. Artigo 316

Redação antiga	Redação atual
Art. 316. O juiz poderá revogar a prisão preventiva se, no correr do processo, verificar a falta de motivo para que subsista, bem como de novo decretá-la, se sobrevierem razões que a justifiquem. (Redação dada pela Lei nº 5.349, de 3.11.1967)	Sem alterações

A redação antiga foi mantida. O juiz poderá revogar a prisão preventiva se verificar, no decorrer do processo, ausência de motivo para que subsista. Uma vez revogada a preventiva, o juiz poderá novamente decretá-la se sobrevierem razões que justifiquem uma nova prisão.

50. Artigo 317

Redação antiga	Redação atual
Sem correspondência	**Art. 317.** A prisão domiciliar consiste no recolhimento do indiciado ou acusado em sua residência, só podendo dela ausentar-se com autorização judicial.

O presente dispositivo inaugura o novo "capítulo IV", que trata da prisão domiciliar. O antigo "capítulo IV" cuidava da apresentação espontânea do acusado nos arts. 317 e 318. A prisão domiciliar não é uma novidade no ordenamento jurídico. A Lei nº 12.258/10, ao tratar do tema da monitoração eletrônica, inseriu o art. 146-B na Lei de Execução Penal, *in verbis*:

Art. 146-B. O juiz poderá definir a fiscalização por meio da monitoração eletrônica quando: (Incluído pela Lei nº 12.258, de 2010).

[...]

IV – determinar a prisão domiciliar (Incluído pela Lei nº 12.258, de 2010).

Igualmente, o art. 146-C:

Parágrafo único. A violação comprovada dos deveres previstos neste artigo poderá acarretar, a critério do juiz da execução, ouvidos o Ministério Público e a defesa: (Incluído pela Lei nº 12.258, de 2010).

[...]

VI – a revogação da prisão domiciliar (Incluído pela Lei nº 12.258, de 2010).

A novidade fica por conta da regulamentação do tema. Diz a lei que a prisão domiciliar consiste no recolhimento do indiciado ou acusado em sua residência, só podendo dela ausentar-se com autorização judicial. A partir daí, podemos tirar rês conclusões:

1ª) a prisão domiciliar é cabível ao indiciado, na fase da investigação criminal; ou ao acusado, na fase processual;

2ª) a prisão domiciliar consiste no recolhimento do indiciado ou acusado em sua residência;

3ª) o indiciado ou acusado somente poderá ausentar-se da residência mediante autorização judicial.

Algumas indagações: o que vem a ser o "recolhimento"? Digamos que a residência do indiciado ou acusado seja um sítio com piscina, campo de futebol, área de pesca, pista de corrida e outros lazeres. Poderá o indiciado ou acusado usufruir de tudo?

A pergunta é pertinente, pois estamos falando de uma prisão, ou seja, de uma restrição na liberdade de ir e vir do indivíduo, que em vez de estar em uma prisão estatal fica em uma prisão particular: a sua residência. O recolhimento prisional tem a finalidade de reprimir a conduta praticada, de isolar o indivíduo por um certo tempo e retirar dele o seu direito constitucional de liberdade de locomoção. Assim sendo, o recolhimento pode se tornar "férias" ao indiciado ou acusado num lugar prazeroso. É essa a intenção da lei?

O que vem a ser "residência"?

A residência é algo além de uma simples moradia. Nesta, está presente a característica da "eventualidade", ou seja, de estar em algum local por tempo determinado, por exemplo, a pessoa que está internada em uma clínica ou aquele que loca um apartamento para gozar as férias no litoral. Nesses casos é moradia e não residência. Ao conceito de residência acrescenta-se a estabilidade, a vontade de permanecer em determinado lugar; há um elemento externo (residir) e o elemento interno, jurídico, o desejo de permanecer.

O Código Penal, ao definir a expressão "casa" no delito de violação de domicílio (art. 150 do Código Penal), muito se aproxima da ideia de residência. O parágrafo 4º diz que a expressão "casa" compreende:

I – qualquer compartimento habitado;

II – aposento ocupado de habitação coletiva;

III – compartimento não aberto ao público, onde alguém exerce profissão ou atividade.

Em outra ponta, o parágrafo 5º diz que não se compreendem na expressão "casa":

I – hospedaria, estalagem ou qualquer outra habitação coletiva, enquanto aberta, salvo a restrição do inciso II do parágrafo anterior;

II – taverna, casa de jogo e outras do mesmo gênero.

Certamente, esse tema será debatido na doutrina e na jurisprudência.

51. Artigo 318, *caput*

Redação antiga	Redação atual
Sem correspondência	**Art. 318.** Poderá o juiz substituir a prisão preventiva pela domiciliar quando o agente for [...]

O art. 318 dispõe em seus incisos as hipóteses de substituição da prisão preventiva pela prisão domiciliar. A permuta leva em conta as condições do agente e não do fato. De onde faz-se três observações:

1ª) trata-se de poder do juiz decretar a prisão domiciliar. Não é um dever, uma imposição, pois cabe ao magistrado, na análise do caso concreto, averiguar se o agente não está se colocando em uma das situações (salvo o caso da idade) somente para usufruir do privilégio de cumprir a prisão cautelar em sua residência;

2ª) cabe ao indiciado ou acusado provar as situações alegadas.

3ª) Em regra, todas as hipóteses são provisórias. É uma "condição de estar" do agente, salvo aquele que conta com mais de 80 anos de idade, pois é uma "condição de ser" do agente, é uma situação permanente.

52. Artigo 318, inciso I

Redação antiga	Redação atual
Sem correspondência	Art. 318. [...] I – maior de 80 (oitenta) anos.

A prisão domiciliar é cabível quando o agente for maior de 80 anos. A redação está em harmonia com a garantia da dignidade da pessoa humana e com o Estatuto do Idoso.

O Estatuto do Idoso determina, no art. 2º, que a pessoa idosa goza de todos os direitos fundamentais inerentes ao ser humano, sem prejuízo da proteção integral de que trata a referida lei, assegurando--lhe, por lei ou por outros meios, todas as oportunidades e facilidades para preservação de sua saúde física e mental e seu aperfeiçoamento moral, intelectual, espiritual e social, em condições de liberdade e dignidade. Atualmente, as instalações dos presídios não oferecem as mínimas condições de abrigar um idoso com 80 anos de idade. A comprovação é realizada por meio de documentos previstos em lei como certidão de nascimento ou carteira de identidade.

53. Artigo 318, inciso II

Redação antiga	Redação atual
Sem correspondência	Art. 318. [...] II – extremamente debilitado por motivo de doença grave.

A segunda hipótese de prisão domiciliar é o agente estar extremamente debilitado por motivo de doença grave. Nesse caso, há dois requisitos para a concessão da prisão domiciliar:

1º) o agente está extremamente debilitado;

Não basta estar debilitado; é necessário que esteja extremamente debilitado.

Debilitado significa enfraquecido fisicamente, sem saúde, adoentado; ou aquele sem ânimo ou força moral, desanimado.[5]

Portanto, a debilidade pode ser física ou psicológica.

2º) o motivo deve ser uma doença grave.

Não basta qualquer tipo de doença, tem de ser uma doença grave. E o que é uma doença grave?

A definição de doença grave, segundo o Superior Tribunal de Justiça, vem dos médicos, que as definem após avaliar o paciente.

É oportuno mencionar a Lei nº 12.008/2009, que alterou os arts. 1.211-A, 1.211-B e 1.211-C do Código de Processo Civil e acrescentou o art. 69-A à Lei nº 9.784/99, que regula o processo administrativo

---

5. AULETE, Caldas. *Dicionário Digital*. Disponível em: <http://www.auletedigital.com.br/download.html>. Acessado em 02 jul. 2011.

no âmbito da administração pública federal, a fim de estender a prioridade na tramitação de procedimentos judiciais e administrativos à pessoa portadora de doença grave. No tocante aos procedimentos administrativos, a norma enumera as doenças graves, facilitando a sua identificação, e beneficiando as pessoas portadoras de tuberculose ativa, esclerose múltipla, neoplasia maligna, hanseníase, paralisia irreversível e incapacitante, cardiopatia grave, doença de Parkinson, espondiloartrose anquilosante, nefropatia grave, hepatopatia grave, estados avançados da doença de Paget (osteíte deformante), contaminação por radiação, síndrome de imunodeficiência adquirida, ou outra doença grave, com base em conclusão da medicina especializada, mesmo que tenha sido contraída após o início do processo".

É um bom parâmetro, porém entendemos que o rol não é exaustivo, e caberá ao médico examinar o paciente para classificar a doença como sendo grave.

54. Artigo 318, inciso III

Redação antiga	Redação atual
Sem correspondência	Art. 318. [...] III – imprescindível aos cuidados especiais de pessoa menor de 6 (seis) anos de idade ou com deficiência.

A terceira hipótese de prisão domiciliar traz duas situações:

a) Ser o agente imprescindível aos cuidados especiais de pessoa menor de seis anos de idade.

Impõe a lei três requisitos:

1º) ser o agente imprescindível;

2º) ser a criança menor de seis anos de idade;

3º) a criança exigir cuidados especiais.

Imprescindível é o atributo da pessoa que é indispensável, insubstituível, nenhuma outra pessoa cuidará da criança como tal. A lei, nesse ponto, não exige que a criança tenha deficiência física ou mental, mas que necessite de cuidados especiais. A nosso ver, a prova poderá ser feita através de Investigação pessoal, social, estudo psicológico, prova testemunhal, atestado médico, dentre outros.

O dispositivo se ajusta ao Estatuto da Criança e do Adolescente, o qual estabelece no seu art. 3º que a criança e o adolescente gozam de todos os direitos fundamentais inerentes à pessoa humana, sem prejuízo da proteção integral de que trata a lei, assegurando-lhes, por lei ou por outros meios, todas as oportunidades e facilidades, a fim de lhes facultar o desenvolvimento físico, mental, moral, espiritual e social, em condições de liberdade e de dignidade.

E mais adiante, no art. 4º, assevera que é dever da família, da comunidade, da sociedade em geral e do poder público assegurar, com absoluta prioridade, a efetivação dos direitos referentes à vida, à saúde, à alimentação, à educação, ao esporte, ao lazer, à profissionalização, à cultura, à dignidade, ao respeito, à liberdade e à convivência familiar e comunitária.

b) Ser o agente imprescindível aos cuidados especiais de pessoa com deficiência.

Igualmente, três requisitos:

1º) ser o agente imprescindível;

2º) ser a pessoa portadora de deficiência;

3º) a pessoa portadora de deficiência exigir cuidados especiais.

A Organização Mundial de Saúde define "deficiência" como a ausência ou a disfunção de uma estrutura psíquica, fisiológica ou anatômica; relaciona-se com a biologia da pessoa.

É importante citar o Decreto nº 6.949/2009, que promulgou a Convenção Internacional sobre os Direitos das Pessoas com Deficiência e seu Protocolo Facultativo, assinados em Nova York, em 30 de março de 2007.

O Brasil, além de signatário desse diploma internacional, já havia publicado a Lei nº 7.853/1989, que dispõe sobre o apoio às pessoas portadoras de deficiência, sua integração social, sobre a Coordenadoria Nacional para Integração da Pessoa Portadora de Deficiência (CORDE), institui a tutela jurisdicional de interesses coletivos ou difusos dessas pessoas, disciplina a atuação do Ministério Público, define crimes, e dá outras providências.

55. Artigo 318, inciso IV

Redação antiga	Redação atual
Sem correspondência	Art. 318. [...] IV – gestante a partir do 7º (sétimo) mês de gravidez ou sendo esta de alto risco.

A quarta hipótese de prisão domiciliar é a agente ser gestante a partir do sétimo mês de gravidez ou ser a gravidez de alto risco. Por razões óbvias, a gestante a partir do sétimo mês de gravidez necessita de cuidados especiais, não só pela proximidade do parto como também pela sua saúde. A prova será feita por meio de exame médico.

56. Artigo 318, parágrafo único

Redação antiga	Redação atual
Sem correspondência	Art. 318. [...] Parágrafo único. Para a substituição, o juiz exigirá prova idônea dos requisitos estabelecidos neste artigo.

A análise da prova para a substituição já foi realizada nos comentários ao *caput* do artigo.

57. Artigo 319, *caput*

Redação antiga	Redação atual
Sem correspondência	Art. 319. São medidas cautelares diversas da prisão:

O art. 319 inaugura o novo capítulo V, que cuida das outras medidas cautelares. O antigo capítulo V, que tratava da prisão administrativa, foi expressamente revogado. Entendemos que já estava revogado desde a Constituição Federal de 1988. Explico: O Código Penal teve sua parte geral alterada pela Lei nº 7.209, de 11 de julho de 1984, a qual previa a prisão administrativa conforme o Código de Processo Penal. A prisão administrativa era aquela decretada por autoridade administrativa para forçar o devedor ao cumprimento de uma obrigação. Porém, com a Constituição Federal de 1988, tal instituto foi abolido, pois prevê o inciso LXI, do art. 5º, que ninguém será preso senão em flagrante delito ou por ordem escrita e fundamentada de autoridade judiciária competente, salvo nos casos de transgressão militar ou crime propriamente militar, definidos em lei. Em suma, a expressão "prisão administrativa" descrita no art. 42 do Código Penal não mais se aplica.

Portanto, além de prisão, liberdade provisória e fiança, há outras medidas cautelares, as quais serão examinadas a seguir.

58. Artigo 319, inciso I

Redação antiga	Redação atual
Sem correspondência	Art. 319. [...] I – comparecimento periódico em juízo, no prazo e nas condições fixadas pelo juiz, para informar e justificar atividades.

A primeira medida cautelar prevista é o comparecimento periódico em juízo, da seguinte forma:

1º) **prazo é fixado pelo juiz:** pode ser semanal, mensal, bimestral ou a critério do juiz;

2º) **condições fixadas pelo juiz:** a condição pode ser, por exemplo, a entrega de documentos;

3º) **informação e justificativa das atividades:** o indiciado ou acusado deve prestar contas de suas atividades.

Esse instituto não é novidade no ordenamento jurídico pátrio, pois está no art. 78, § 2º, "c", do Código Penal, que trata da suspensão condicional da pena ao exigir o "comparecimento pessoal e obrigatório a juízo, mensalmente, para informar e justificar suas atividades".

59. Artigo 319, inciso II

Redação antiga	Redação atual
Sem correspondência	Art. 319. [...] II – proibição de acesso ou frequência a determinados lugares quando, por circunstâncias relacionadas ao fato, deva o indiciado ou acusado permanecer distante desses locais para evitar o risco de novas infrações.

Será proibido o acesso ou frequência a determinados lugares quando circunstâncias relacionadas ao fato indicarem que o indiciado ou acusado deve permanecer distante justamente para evitar o risco de novas infrações.

A proibição pode ser de acesso ou de frequência. Acesso significa aproximação, chegada, entrada, admissão, alcance. Frequência é a característica daquilo que acontece muitas vezes.[6]

A proibição deve, necessariamente, estar relacionada ao fato praticado pelo agente. Se não estiver, essa medida cautelar não poderá ser decretada. Por fim, a proibição será determinada para evitar o risco de novas infrações, caso não haja sequer o risco, também restará vedada.

A proibição de frequentar determinados lugares está no inciso IV, do art. 47 do Código Penal, com redação dada pela Lei nº 9.714/1998 como uma pena restritiva de direitos:

> Art. 47. As penas de interdição temporária de direitos são: (Redação dada pela Lei nº 7.209, de 11.7.1984)
>
> [...]
>
> IV – proibição de frequentar determinados lugares. (Incluído pela Lei nº 9.714, de 1998)

---

6. Id.

Igualmente está prevista na alínea "a", do parágrafo 2º, do art. 78, do Código Penal, desde a Lei nº 7.209/1984, como condição da suspensão condicional da pena.

Art. 78.

[...]

§ 2º. Se o condenado houver reparado o dano, salvo impossibilidade de fazê-lo, e se as circunstâncias do art. 59 deste Código lhe forem inteiramente favoráveis, o juiz poderá substituir a exigência do parágrafo anterior pelas seguintes condições, aplicadas cumulativamente: (Redação dada pela Lei nº 9.268, de 1º.4.1996)

a) proibição de frequentar determinados lugares (Redação dada pela Lei nº 7.209, de 11.7.1984).

Também está prevista no art. 124, § 1º, inciso III, da Lei de Execução Penal, desde a Lei nº 12.258/10, como condição da saída temporária.

Art. 124

[...]

§ 1º. Ao conceder a saída temporária, o juiz imporá ao beneficiário as seguintes condições, entre outras que entender compatíveis com as circunstâncias do caso e a situação pessoal do condenado: (Incluído pela Lei nº 12.258, de 2010)

III – proibição de frequentar bares, casas noturnas e estabelecimentos congêneres. (Incluído pela Lei nº 12.258, de 2010)

60. Artigo 319, inciso III

Redação antiga	Redação atual
Sem correspondência	Art. 319. [...] III – proibição de manter contato com pessoa determinada quando, por circunstâncias relacionadas ao fato, deva o indiciado ou acusado dela permanecer distante.

Tal medida é inédita no ordenamento jurídico pátrio. O juiz pode proibir o indiciado ou acusado de manter contato com determinada pessoa quando as circunstâncias do fato revelarem que é necessária a distância. A lei proíbe qualquer tipo de contato: pessoal, telefônico, por meio eletrônico (*e-mail*, msn etc.). Um eventual contato enseja violação à imposição determinada.

61. Artigo 319, inciso IV

Redação antiga	Redação atual
Sem correspondência	Art. 319. [...] IV – proibição de ausentar-se da Comarca quando a permanência seja conveniente ou necessária para a investigação ou instrução.

A proibição, nesse caso, é de sair da comarca, porém somente se dá quando a permanência é conveniente ou necessária para a investigação ou instrução.

"Conveniente" é aquilo queconvém, que é útil, adequado, enquanto "necessário" é o que não se pode dispensar, o que é essencial.[7] Em suma, seja por conveniência ou necessidade, o juiz pode proibir a ausência da comarca.

Portanto, podemos ter quatro situações para o decreto da proibição de ausentar-se da comarca:

1ª) a permanência é conveniente para a investigação;

2ª) a permanência é conveniente para a instrução;

3ª) a permanência é necessária para a investigação;

4ª) a permanência é necessária para a instrução.

A proibição de ausentar-se da comarca está prevista na alínea "b", do § 2º, do art. 78, do Código Penal, desde a Lei nº 7.209/1984, como condição da suspensão condicional da pena.

Art. 78

[...]

§ 2º Se o condenado houver reparado o dano, salvo impossibilidade de fazê-lo, e se as circunstâncias do art. 59 deste Código lhe forem

---

7. Id.

inteiramente favoráveis, o juiz poderá substituir a exigência do parágrafo anterior pelas seguintes condições, aplicadas cumulativamente: (Redação dada pela Lei nº 9.268, de 1º.4.1996)

[...]

b) proibição de ausentar-se da comarca onde reside, sem autorização do juiz; (Redação dada pela Lei nº 7.209, de 11.7.1984)

62. Artigo 319, inciso V

Redação antiga	Redação atual
Sem correspondência	Art. 319. [...] V – recolhimento domiciliar no período noturno e nos dias de folga quando o investigado ou acusado tenha residência e trabalho fixos.

O inciso V traz a medida cautelar do recolhimento domiciliar quando o indiciado ou acusado tenha residência fixa e trabalho fixo em duas hipóteses:

1ª) no período noturno;

2ª) nos dias de folga.

Não é cabível a restrição cautelar quando o indiciado ou acusado não tenha residência fixa e nem trabalho fixo. O recolhimento não se trata de novel medida.

Está previsto no § 1º, do art. 36, do Código Penal, desde a Lei nº 7.209/1984, como condição do regime aberto.

Art. 36. O regime aberto baseia-se na autodisciplina e senso de responsabilidade do condenado. (Redação dada pela Lei nº 7.209, de 11.7.1984)

§ 1º. O condenado deverá, fora do estabelecimento e sem vigilância, trabalhar, frequentar curso ou exercer outra atividade autorizada, permanecendo recolhido durante o período noturno e nos dias de folga. (Redação dada pela Lei nº 7.209, de 11.7.1984)

Também está expresso na alínea "b", do § 2º, do art. 132, da Lei de Execução Penal como obrigação facultativa para a concessão do livramento condicional.

Art. 132

[...]

§ 2° Poderão ainda ser impostas ao liberado condicional, entre outras obrigações, as seguintes:

[...]

b) recolher-se à habitação em hora fixada.

63. Artigo 319, inciso VI

Redação antiga	Redação atual
Sem correspondência	Art. 319. [...] VI – suspensão do exercício de função pública ou de atividade de natureza econômica ou financeira quando houver justo receio de sua utilização para a prática de infrações penais.

A medida cautelar pode ser decretada para suspender o exercício de:

a) função pública;

b) atividade de natureza econômica;

c) atividade de natureza financeira.

A medida somente será cabível quando houver justo receio de que a sua finalidade é para praticar infrações penais, ou seja, crimes e contravenções penais.

A nosso ver, a expressão "justo receio" significa o temor, devidamente justificado, de que o indiciado ou acusado esteja se utilizando de sua função pública ou atividade econômica para práticas criminosas.

64. Artigo 319, inciso VII

Redação antiga	Redação atual
Sem correspondência	Art. 319. [...] VII – internação provisória do acusado nas hipóteses de crimes praticados com violência ou grave ameaça, quando os peritos concluírem ser inimputável ou semi-imputável (art. 26 do Código Penal) e houver risco de reiteração.

O inciso VII trata da medida cautelar da internação provisória. O art. 96, do Código Penal, ao cuidar das medidas de segurança, estabelece a internação em hospital de custódia e tratamento psiquiátrico ou, à falta, em outro estabelecimento adequado. Mais adiante, o artigo diz que o internado será recolhido à estabelecimento dotado de características hospitalares e será submetido a tratamento. Entendemos que ao internado deve ser assegurado o mesmo tratamento.

A internação provisória somente é cabível ao acusado (e não ao indiciado) desde que preencha aos seguintes requisitos:

1º) ser inimputável ou semi-imputável nos termos do art. 26 do Código Penal;

O *caput* do art. 26 cuida da inimputabilidade, ao estabelecer que é isento de pena o agente que, por doença mental ou desenvolvimento mental incompleto ou retardado, era, ao tempo da ação ou da omissão, inteiramente incapaz de entender o caráter ilícito do fato ou de determinar-se de acordo com esse entendimento. O parágrafo 1º trata da semi-imputabilidade, ao dispor que a pena pode ser reduzida de um a dois terços, se o agente, em virtude de perturbação de saúde mental ou por desenvolvimento mental incompleto ou retardado não era inteiramente capaz de entender o caráter ilícito do fato ou de determinar-se de acordo com esse entendimento. A inimputabilidade ou semi-imputabilidade é provada por meio de perícia realizada por mais de um perito, pois o inciso em análise fala em peritos.

2º) crimes praticados com violência ou grave ameaça;

A medida somente é cabível quando o acusado praticar crime em que se exige como elemento do tipo objetivo a grave ameaça ou a violência. Não cabe quando se tratar de contravenção penal.

3º) há risco de reiteração da conduta criminosa.

O risco alegado deve estar provado nos autos e motivado pela decisão judicial.

65. Artigo 319, inciso VIII

Redação antiga	Redação atual
Sem correspondência	Art. 319. [...] VIII – fiança, nas infrações que a admitem, para assegurar o comparecimento a atos do processo, evitar a obstrução do seu andamento ou em caso de resistência injustificada à ordem judicial.

O inciso VIII estabelece que a fiança é cabível apenas nas infrações que a admitem e somente será decretada para:

a) assegurar o comparecimento do indiciado ou acusado aos atos processuais;
b) evitar a obstrução do andamento dos atos processuais;
c) casos de resistência injustificada à ordem judicial.

É necessário constar os fundamentos do decisório.

66. Artigo 319, inciso IX

Redação antiga	Redação atual
Sem correspondência	Art. 319. [...] IX – monitoração eletrônica.

A monitoração eletrônica foi introduzida no ordenamento jurídico pátrio pela Lei nº 12.258/2010, que inseriu os arts. 146-A a 146-D na seção VI (Da monitoração eletrônica) do capítulo I, que trata da pena privativa de liberdade, da Lei de Execução Penal. Inseriu, ainda, o parágrafo único no art. 122, determinando que a ausência de vigilância direta não impede a utilização de equipamento de monitoração eletrônica pelo condenado, na saída temporária, quando assim determinar o juiz da execução.

67. Artigo 319, *caput*, § 1º, § 2º e § 3º

Redação antiga	Redação atual
Art. 319. A prisão administrativa terá cabimento: I – contra remissos ou omissos em entrar para os cofres públicos com os dinheiros a seu cargo, a fim de compeli-los a que façam; II – contra estrangeiro desertor de navio de guerra ou mercante, surto em porto nacional; III – nos demais casos previstos em lei. § 1º. A prisão administrativa será requisitada à autoridade policial nos casos dos nºs. I e III, pela autoridade que a tiver decretado e, no caso do nº II, pelo cônsul do país a que pertença o navio. § 2º. A prisão dos desertores não poderá durar mais de três meses e será comunicada aos cônsules. § 3º. Os que forem presos à requisição de autoridade administrativa ficarão à sua disposição.	Revogados

A antiga redação do art. 319, *caput*, seus incisos e parágrafos, do Código Penal, do extinto capítulo V, que cuidava da prisão administrativa foi revogado pela nova lei.

68. Artigo 319, § 4º

Redação antiga	Redação atual
Sem correspondência	Art. 319. [...] § 4º. A fiança será aplicada de acordo com as disposições do Capítulo VI deste Título, podendo ser cumulada com outras medidas cautelares.

O capítulo VI trata da fiança nos arts. 321 a 350, estudados a seguir. A fiança pode ser cumulada com outras medidas cautelares, a critério do juiz.

69. Artigo 320

Redação antiga	Redação atual
Sem correspondência	Art. 320. A proibição de ausentar-se do País será comunicada pelo juiz às autoridades encarregadas de fiscalizar as saídas do território nacional, intimando-se o indiciado ou acusado para entregar o passaporte, no prazo de 24 (vinte e quatro) horas.

O art. 320 trata de mais uma medida cautelar, a proibição de ausentar-se do país através das seguintes providências:

1ª) o juiz comunica a proibição às autoridades encarregadas de fiscalizar as saídas do território nacional;

2ª) o indiciado ou acusado é intimado para entregar o passaporte no prazo de 24 horas.

70. Artigo 321

Redação antiga	Redação atual
Art. 321. Ressalvado o disposto no art. 323, III e IV, o réu livrar-se-á solto, independentemente de fiança: I – no caso de infração, a que não for, isolada, cumulativa ou alternativamente, cominada pena privativa de liberdade; II – quando o máximo da pena privativa de liberdade, isolada, cumulativa ou alternativamente cominada, não exceder a três meses.	**Art. 321.** Ausentes os requisitos que autorizam a decretação da prisão preventiva, o juiz deverá conceder liberdade provisória, impondo, se for o caso, as medidas cautelares previstas no art. 319 deste Código e observados os critérios constantes do art. 282 deste Código. I – (revogado); II – (revogado).

O antigo art. 321 cuidava da possibilidade do réu se livrar solto, independentemente de fiança; o dispositivo não mais subsiste na nova lei. O atual art. 321 propõe o seguinte: "presentes os requisitos da prisão preventiva, esta deve ser decretada".

Ausentes tais requisitos, já estudados anteriormente, o juiz deverá conceder a liberdade provisória. Repare que se trata de um dever imposto ao magistrado e não faculdade sua; em suma, não estando presentes os requisitos autorizadores da preventiva, a liberdade provisória é uma garantia ao indiciado ou acusado.

A questão é saber se a liberdade provisória será cumulada ou não com outra medida cautelar. O artigo diz que, se for o caso, a liberdade será concedida cumulativamente com uma das cautelares previstas no art. 319, observando-se todos os critérios do art. 282, ambos do Código de Processo Penal. Isso quer dizer que o juiz somente poderá cumular a fiança com outra cautelar caso haja necessidade de aplicação da lei penal, para a investigação ou a instrução criminal e, nos casos expressamente previstos, para evitar a prática de infrações penais e a adequação da medida à gravidade do crime, circunstâncias do fato e condições pessoais do indiciado ou acusado.

71. Artigo 322, *caput*

Redação antiga	Redação atual
Art. 322. A autoridade policial somente poderá conceder fiança nos casos de infração punida com detenção ou prisão simples. (Redação dada pela Lei nº 6.416, de 24.5.1977)	Art. 322. A autoridade policial somente poderá conceder fiança nos casos de infração cuja pena privativa de liberdade máxima não seja superior a 4 (quatro) anos.

A atual redação ampliou os poderes de concessão da fiança à autoridade policial. Antigamente, a autoridade policial somente poderia conceder fiança em duas hipóteses:

1ª) infração punida com detenção: a infração a que se referia o dispositivo eram os crimes, logo, não era possível conceder a fiança nos crimes apenados com reclusão;

2ª) prisão simples: aplicada às contravenções penais.

Atualmente, a autoridade policial pode conceder fiança quando a pena privativa de liberdade prevista abstratamente à infração (crime ou contravenção) não ultrapassar quatro anos. O legislador preferiu o critério quantitativo (quantidade da pena) ao qualitativo (qualidade da pena).

72. Artigo 322, parágrafo único

Redação antiga	Redação atual
Art. 322. [...] Parágrafo único. Nos demais casos do art. 323, a fiança será requerida ao juiz, que decidirá em 48 (quarenta e oito) horas. (Redação dada pela Lei nº 6.416, de 24.5.1977)	Art. 322. [...] Parágrafo único. Nos demais casos, a fiança será requerida ao juiz, que decidirá em 48 (quarenta e oito) horas.

Como visto, quando o crime ou a contravenção forem punidos com até quatro anos de prisão, o delegado de polícia poderá conceder a fiança. Quando a pena máxima privativa de liberdade, em abstrato, ultrapassar quatro anos, somente o juiz poderá concedê-la. Por exemplo, a autoridade policial pode conceder fiança ao furto simples (pena de 1 a 4 anos), porém, no estelionato (pena de 1 a 5 anos), somente o juiz poderá concedê-la.

73. Artigo 323, *caput*

Redação antiga	Redação atual
Art. 323. Não será concedida fiança.	Art. 323. Não será concedida fiança:

O art. 323 trata das hipóteses em que não é cabível a fiança.

74. Artigo 323, inciso I

Redação antiga	Redação atual
Art. 323. [...] I – nos crimes punidos com reclusão em que a pena mínima cominada for superior a 2 (dois) anos. (Redação dada pela Lei nº 6.416, de 24.5.1977)	Art. 323. [...] I – nos crimes de racismo.

A redação antiga vedava a concessão de fiança aos crimes punidos com reclusão em que a pena mínima prevista fosse superior a dois anos, ao contrário, só permitia fiança aos crimes punidos com reclusão, desde que não superior a dois anos. Essa regra não vale mais, pois o art. 322 alterou o critério da concessão da fiança; o que importa agora não é mais a qualidade da pena, mas sim a sua quantidade. Até quatro anos de prisão, o próprio delegado concede, acima desse período, somente o juiz.

O novel inciso I veda a concessão de fiança nos crimes de racismo, porém, tal proibição já consta da Constituição Federal de 1988, no inciso XLII, do art. 5º: "a prática do racismo constitui crime inafiançável e imprescritível, sujeito à pena de reclusão, nos termos da lei". Assim sendo, o Código apenas se harmonizou com a Lei Maior.

75. Artigo 323, inciso II

Redaçao antiga	Redação atual
Art. 323. [...] II – nas contravenções tipificadas nos arts. 59 e 60 da Lei das Contravenções Penais. (Redação dada pela Lei nº 6.416, de 24.5.1977)	Art. 323. [...] II – nos crimes de tortura, tráfico ilícito de entorpecentes e drogas afins, terrorismo e nos definidos como crimes hediondos.

A redação antiga proibia a concessão da fiança às contravenções penais dos arts. 59 e 60 da Lei das Contravenções Penais (DL 3.688/41).

Art. 59. Entregar-se alguém habitualmente à ociosidade, sendo válido para o trabalho, sem ter renda que lhe assegure meios bastantes de subsistência, ou prover à própria subsistência mediante ocupação ilícita:

Pena – prisão simples, de quinze dias a três meses.

Art. 60. Mendigar, por ociosidade ou cupidez: (Revogado pela Lei nº 11.983, de 2009)

Pena – prisão simples, de quinze dias a três meses. (Revogado pela Lei nº 11.983, de 2009)

A contravenção prevista no art. 59, conhecida como "contravenção da vadiagem", já não mais subsiste em nosso sistema jurídico, pois viola o princípio do direito penal do fato, princípio esse que preconiza que o agente deve ser punido pela sua conduta, comissiva ou omissiva, e não pelo seu estilo ou filosofia de vida. Punir alguém por "ser" e não por "fazer" é revigorar o direito penal do autor, vigente à época do nazismo e do fascismo, que selecionava as pessoas a serem punidas por critérios subjetivos e extremamente preconceituosos. Antes, inafiançável, agora, explicitamente, afiançável.

A contravenção do art. 60, conhecida como "mendicância", foi revogada, mesmo que tardiamente, mas acertadamente da Lei das Contravenções Penais.

O atual inciso veda a concessão da fiança:

a) no crime de tortura;

b) no crime de tráfico ilícito de entorpecentes e drogas afins;

c) terrorismo;

d) nos crimes hediondos.

Tais vedações também não são novidades, apenas de harmonizam com a Constituição Federal. Vejamos alguns dispositivos:

Constituição Federal

Art. 5º. [...]

XLIII – a lei considerará crimes inafiançáveis e insuscetíveis de graça ou anistia a prática da tortura, o tráfico ilícito de entorpecentes e drogas afins, o terrorismo e os definidos como crimes hediondos, por eles respondendo os mandantes, os executores e os que, podendo evitá-los, se omitirem.

Lei da tortura (Lei nº 9.455/97)

Art. 2º. [...]

§ 6º. O crime de tortura é inafiançável e insuscetível de graça ou anistia.

Lei de drogas (Lei nº 11.343/06)

Art. 44. Os crimes previstos nos arts. 33, caput e § 1º, e 34 a 37 desta Lei são inafiançáveis e insuscetíveis de sursis, graça, indulto, anistia e liberdade provisória, vedada a conversão de suas penas em restritivas de direitos.

Lei dos crimes hediondos (Lei nº 8.072/90)

Art. 2º. Os crimes hediondos, a prática da tortura, o tráfico ilícito de entorpecentes e drogas afins e o terrorismo são insuscetíveis de: [...]

II – fiança. (Redação dada pela Lei nº 11.464, de 2007)

76. Artigo 323, inciso III

Redação antiga	Redação atual
Art. 323. [...] III – nos crimes dolosos punidos com pena privativa da liberdade, se o réu já tiver sido condenado por outro crime doloso, em sentença transitada em julgado. (Redação dada pela Lei nº 6.416, de 24.5.1977)	Art. 323. [...] III – nos crimes cometidos por grupos armados, civis ou militares, contra a ordem constitucional e o Estado Democrático.

O antigo inciso III proibia a concessão de fiança aos crimes dolosos, punidos com pena de prisão se o réu tivesse sido condenado por outro crime doloso em sentença transitada em julgado. O atual inciso III trata de tema diverso do anterior, porém o novel inciso V, do art. 41, diz que a prática de nova infração penal (crime ou contravenção) dolosa (culposa) é caso de quebramento de fiança. Portanto, de acordo com a nova legislação, não há restrição da fiança ao reincidente em crime doloso. Logo, até mesmo o reincidente em crime doloso pode ser beneficiado com a medida cautelar da fiança, porém a prática de novo crime doloso ou contravenção dolosa quebra a fiança concedida.

O atual inciso III proíbe a fiança nos crimes cometidos por grupos armados, civis ou militares, contra a ordem constitucional e o Estado Democrático, plasmando, vez mais, a Constituição Federal.

Art. 5º. [...]

XLIV – constitui crime inafiançável e imprescritível a ação de grupos armados, civis ou militares, contra a ordem constitucional e o Estado Democrático.

77. Artigo 323, inciso IV

Redação antiga	Redação atual
Art. 323. [...] IV – em qualquer caso, se houver no processo prova de ser o réu vadio.	Art. 323. [...] IV – (revogado)

Ao comentarmos o inciso II, do art. 323, discorremos sobre a contravenção penal da vadiagem, prevista no art. 59 da Lei de Contravenções Penais. Para aqueles que ainda consideram a vadiagem uma infração vigente, com a nova lei passa a ser afiançável, e para os que entendem que apesar de vigente, deixou de ser válida, a revogação apenas formalizou o que já estava tacitamente revogado.

78. Artigo 323, inciso V

Redação antiga	Redação atual
Art. 323. [...] V – nos crimes punidos com reclusão, que provoquem clamor público ou que tenham sido cometidos com violência contra a pessoa ou grave ameaça. (Incluído pela Lei nº 6.416, de 24.5.1977)	Art. 323. [...] V – (revogado)

A redação antiga vedava a concessão da fiança aos crimes punidos com reclusão, desde que presentes um dos seguintes eventos:

a) clamor público;

b) praticados com violência ou grave ameaça contra a pessoa.

Atualmente, não há mais a ressalva. Portanto, mesmo que o delito apenado com reclusão provoque o clamor público ou seja praticado com violência ou grave ameaça contra a pessoa, caberá a fiança, desde que não haja impedimento por outro dispositivo. Por exemplo, na redação antiga um homicídio que provoque clamor público não era afiançável. Mas atualmente é, desde que não seja homicídio qualificado, pois é crime hediondo, e por tal circunstância o inciso II, do art. 323, impossibilita a medida.

79. Artigo 324, *caput*

Redação antiga	Redação atual
Art. 324. Não será, igualmente, concedida fiança.	Art. 324. Não será, igualmente, concedida fiança:

Não houve alteração no *caput*, o qual apenas continua alinhando as hipóteses de vedação da fiança.

80. Artigo 324, inciso I

Redação antiga	Redação atual
Art. 324. [...] I – aos que, no mesmo processo, tiverem quebrado fiança anteriormente concedida ou infringido, sem motivo justo, qualquer das obrigações a que se refere o art. 350.	Art. 324. [...] I – aos que, no mesmo processo, tiverem quebrado fiança anteriormente concedida ou infringido, sem motivo justo, qualquer das obrigações a que se referem os arts. 327 e 328 deste Código.

Também não houve alteração no inciso I, salvo a indicação dos artigos; antes era o art. 350; agora, os arts. 327 e 328, todos do Código de Processo Penal. A vedação da fiança é direcionada aos acusados (não aos indiciados) que, no *mesmo processo* (não se aplica na fase de investigação) tiverem:

a) quebrado a fiança anteriormente concedida;

Adiante, estudaremos detalhadamente as hipóteses de quebramento da fiança, por ora, vamos apenas alinhá-las:

Art. 341. Julgar-se-á quebrada a fiança quando o acusado:

I – regularmente intimado para ato do processo, deixar de comparecer, sem motivo justo;

II – deliberadamente praticar ato de obstrução ao andamento do processo;

III – descumprir medida cautelar imposta cumulativamente com a fiança;

IV – resistir injustificadamente a ordem judicial;

V – praticar nova infração penal dolosa.

Conclui-se, diante da redação, que não caberá fiança aos acusados que, no mesmo processo, tiverem quebrado a fiança concedida anteriormente.

b) infringido, sem motivo justo, qualquer das obrigações a que se referem os arts. 327 e 328 deste Código;

Os arts. 327 e 328 do Código de Processo Penal não sofreram alterações. Diz o art. 327 que a fiança tomada por termo obrigará o afiançado a comparecer perante a autoridade, todas as vezes que for intimado para atos do inquérito, da instrução criminal e para o julgamento. Quando o réu não comparecer, a fiança será havida como quebrada. Nesse caso, diferentemente da hipótese anterior, o quebramento aplica-se também para atos do inquérito. Afirma o art. 328 que o réu afiançado não poderá mudar de residência sem prévia permissão da autoridade processante, ou ausentar-se por mais de oito dias de sua residência, sem comunicar àquela autoridade o lugar onde será encontrado, sob pena de quebramento da fiança.

A infringência é a violação dos mandamentos dos arts. 327 e 328, que cuidam, na verdade, assim como o art. 341, de mais duas hipóteses de quebramento da fiança. A redação poderia ter sido melhorada, uma vez que confunde e dá a impressão de que há hipóteses de quebramento e infringência, quando, na verdade, é tudo quebramento.

Observe-se, por fim, que o justo motivo apresentado afasta a possibilidade de quebramento da fiança.

81. Artigo 324, inciso II

Redação antiga	Redação atual
Art. 324. [...] II – em caso de prisão por mandado do juiz do cível, de prisão disciplinar, administrativa ou militar.	Art. 324. [...] II – em caso de prisão civil ou militar.

Antigamente, o inciso II vedava a concessão de fiança em caso de prisão em quatro hipóteses:

a) prisão civil;

b) prisão disciplinar;

c) prisão administrativa;

d) prisão militar.

Atualmente, proíbe-se a fiança em dois casos de prisão:

a) prisão civil;

b) prisão militar.

Atinente à prisão civil, o Supremo Tribunal Federal aprovou a Súmula Vinculante nº 25: "É ilícita a prisão civil de depositário infiel, qualquer que seja a modalidade do depósito." Restou, portanto, um único caso de prisão civil no ordenamento jurídico, a prevista na primeira parte do inciso LXVII, do art. 5º, da Constituição Federal:

Art. 5º. [...]

LXVII – não haverá prisão civil por dívida, salvo a do responsável pelo inadimplemento voluntário e inescusável de obrigação alimentícia e a do depositário infiel.

Quanto à prisão do militar, aplica-se o Código de Processo Penal Militar, arts. 220 a 242 (prisão provisória); arts. 243 a 253 (prisão em flagrante); arts. 254 a 261 (prisão preventiva).

82. Artigo 324, inciso III

Redação antiga	Redação atual
Art. 324. [...] III – ao que estiver no gozo de suspensão condicional da pena ou de livramento condicional, salvo se processado por crime culposo ou contravenção que admita fiança.	Art. 324. [...] III – (revogado)

Anteriormente, a fiança não era possível ao condenado (pois pressupõe pena) que estivesse no gozo de suspensão condicional da pena ou de livramento condicional, salvo tivesse sido processado e condenado em dois casos:

1º) por crime culposo;

2º) por contravenção penal que admitisse fiança (na época, vadiagem e mendicância – arts. 59 e 60 da Lei de Contravenções Penais.

Todavia, o inciso foi revogado, logo cabe fiança ao condenado que esteja gozando dos benefícios da *sursis* (suspensão condicional da pena) ou do livramento condicional, seja qual for o processo que originou sua condenação.

83. Artigo 324, inciso IV

Redação antiga	Redação atual
Art. 324. [...] IV – quando presentes os motivos que autorizam a decretação da prisão preventiva (art. 312). (Incluído pela Lei nº 6.416, de 24.5.1977)	Art. 324. [...] IV – quando presentes os motivos que autorizam a decretação da prisão preventiva (art. 312).

Não houve alteração. Se presentes os motivos autorizadores da prisão preventiva, a fiança não será concedida. O inciso se alinha com o *caput* do art. 321, que estabelece:

Art. 321. Ausentes os requisitos que autorizam a decretação da prisão preventiva, o juiz deverá conceder liberdade provisória, impondo, se for o caso, as medidas cautelares previstas no art. 319 deste Código e observados os critérios constantes do art. 282 deste Código.

Portanto, extraímos que os institutos da liberdade provisória e da fiança são incompatíveis com a prisão preventiva. Assim, temos as seguintes hipóteses:

1ª) se cabível a prisão preventiva, não cabe a liberdade provisória e nem a fiança;

2ª) se incabível a prisão preventiva, cabe a liberdade provisória, que pode ser concedida com ou sem fiança.

Esse raciocínio já era empregado antes da nova lei.

84. Artigo 325, *caput*

Redação antiga	Redação atual
Art. 325. O valor da fiança será fixado pela autoridade que a conceder nos seguintes limites [...] (Redação dada pela Lei nº 7.780, de 22.6.1989)	Art. 325. O valor da fiança será fixado pela autoridade que a conceder nos seguintes limites [...]

Não houve alteração no *caput*, o qual traz o valor da fiança a ser fixado pela autoridade policial (pena de prisão até 4 anos) ou pelo juiz (pena de prisão acima de 4 anos).

85. Artigo 325

Redação antiga	Redação atual
Art. 325. [...] a) de 1 (um) a 5 (cinco) salários mínimos de referência, quando se tratar de infração punida, no grau máximo, com pena privativa da liberdade, até 2 (dois) anos; b) de 5 (cinco) a 20 (vinte) salários mínimos de referência, quando se tratar de infração punida com pena privativa da liberdade, no grau máximo, até 4 (quatro) anos; c) de 20 (vinte) a 100 (cem) salários mínimos de referência, quando o máximo da pena cominada for superior a 4 (quatro) anos. (Alíneas incluídas pela Lei nº 7.780, de 22.6.1989)	Art. 325. [...] a) (revogada); b) (revogada); c) (revogada). I – de 1 (um) a 100 (cem) salários mínimos, quando se tratar de infração cuja pena privativa de liberdade, no grau máximo, não for superior a 4 (quatro) anos; II – de 10 (dez) a 200 (duzentos) salários mínimos, quando o máximo da pena privativa de liberdade cominada for superior a 4 (quatro) anos.

O art. 325 trouxe algumas modificações:

1ª) antes o art. 325 era iniciado por alíneas; agora, por incisos;

2ª) antes, eram três as escalas dos valores da fiança em salários mínimos: de 1 a 5, de 5 a 20, de 20 a 100; agora são apenas duas: de 1 a 100 e de 10 a 200, dependendo da quantidade da pena.

Atualmente, portanto, temos duas hipóteses:

1ª) pena de prisão até 4 (quatro) anos: o valor da fiança será entre 1 a 100 salários mínimos. Antes o valor da fiança chegava no máximo a 20 salários mínimos;

2ª) pena de prisão superior a 4 (quatro) anos: o valor da fiança será entre 10 a 200 salários mínimos. Antes o valor da fiança chegava no máximo a 100 salários mínimos.

No aspecto relacionado ao valor da fiança, a lei aumentou os valores e, consequentemente, dificultou o seu pagamento.

86. Artigo 325, § 1º

Redação antiga	Redação atual
Art. 325. [...] § 1º. Se assim o recomendar a situação econômica do réu, a fiança poderá ser.[...] (Incluído pela Lei nº 8.035, de 27.4.1990)	Art. 325. [...] § 1º. Se assim recomendar a situação econômica do preso, a fiança poderá ser [...]

O atual parágrafo primeiro do art. 325 inovou. A redação anterior referia-se à situação econômica do réu; a atual, à situação econômica do preso. Trata-se de mudança significativa, pois as hipóteses do parágrafo somente serão aplicadas ao acusado preso e não ao acusado solto, ou seja, se o acusado não estiver preso, a fiança não poderá ser dispensada, reduzida ou aumentada. A nova redação, portanto, afirma que, se a situação econômica do preso recomendar, a fiança pode ser dispensada, reduzida ou aumentada.

87. Artigo 325, § 1º, inciso I

Redação antiga	Redação atual
Art. 325. [...] § 1º. [...] sem correspondência	Art. 325. [...] § 1º. [...] I – dispensada, na forma do art. 350 deste Código.

O art. 350 assevera que nos casos em que couber fiança, o juiz, verificando a situação econômica do preso, poderá conceder-lhe liberdade provisória, sujeitando-o às obrigações constantes dos arts. 327 e 328 do Código Penal e a outras medidas cautelares, se for o caso. O dispositivo se aplica ao acusado que não tem condições econômicas de pagar o valor da fiança arbitrado, assim, em vez de pagar, o acusado sujeita-se às obrigações constantes dos citados artigos.

Art. 327. A fiança tomada por termo obrigará o afiançado a comparecer perante a autoridade, todas as vezes que for intimado para atos do inquérito e da instrução criminal e para o julgamento. Quando o réu não comparecer, a fiança será havida como quebrada.

Art. 328. O réu afiançado não poderá, sob pena de quebramento da fiança, mudar de residência, sem prévia permissão da autoridade processante, ou ausentar-se por mais de 8 (oito) dias de sua residência, sem comunicar àquela autoridade o lugar onde será encontrado.

Infringindo as disposições desses artigos, a fiança é considerada quebrada. É oportuno dizer que o antigo § 2º, do art. 325, determinava que, nos casos de prisão em flagrante, pela prática de crime contra a economia popular ou de crime de sonegação fiscal, se assim o recomendasse a situação econômica do réu, o limite mínimo ou máximo do valor da fiança poderia ser reduzido em até nove décimos ou aumentado até o décuplo. A atual redação a dispensa.

88. Artigo 325, § 1º, inciso II

Redação antiga	Redação atual
Art. 325. [...] § 1º. [...] I – reduzida até o máximo de dois terços. (Incluído pela Lei nº 8.035, de 27.4.1990)	Art. 325. [...] § 1º. [...] II – reduzida até o máximo de 2/3 (dois terços).

Não houve alterações. Dependendo da situação econômica do preso, a fiança pode ser reduzida até o máximo de dois terços.

89. Artigo 325, § 1º, inciso III

Redação antiga	Redação atual
Art. 325. [...] § 1º. [...] II – aumentada, pelo juiz, até o décuplo. (Incluído pela Lei nº 8.035, de 27.4.1990)	Art. 325. [...] § 1º. [...] III – aumentada em até 1.000 (mil) vezes.

Se não houve alteração quanto à redução da fiança, o mesmo não se pode dizer do seu aumento. Anteriormente, o valor da fiança arbitrada poderia ser aumentada, no máximo, até dez vezes. Agora, pode ser aumentada em até mil vezes.

Exemplificando:*

O valor máximo da fiança do delito de estelionato poderia chegar a R$ 545.000,00 (100 salários mínimos x 10). Atualmente, pode chegar a R$ 109.000.000,00 (200 salários mínimos x 1.000). Isso mesmo, pode chegar a cento e nove milhões de reais. Certamente, uma das maiores mudanças, que irá causar intensos debates acerca da fixação da fiança, gerando diversos recursos aos tribunais, no caso, o recurso em sentido estrito.

90. Artigo 325, § 2º

Redação antiga	Redação atual
Art. 325. [...]	Art. 325. [...]
§ 2º. Nos casos de prisão em flagrante pela prática de crime contra a economia popular ou de crime de sonegação fiscal, não se aplica o disposto no art. 310 e parágrafo único deste Código, devendo ser observados os seguintes procedimentos: (Incluído pela Lei nº 8.035, de 27.4.1990)	§ 2º. (Revogado): I – (revogado); II – (revogado); III – (revogado).
I – a liberdade provisória somente poderá ser concedida mediante fiança, por decisão do juiz competente e após a lavratura do auto de prisão em flagrante; (Incluído pela Lei nº 8.035, de 27.4.1990)	
II – o valor de fiança será fixado pelo juiz que a conceder, nos limites de dez mil a cem mil vezes o valor do Bônus do Tesouro Nacional – BTN, da data da prática do crime; (Incluído pela Lei nº 8.035, de 27.4.1990)	
III – se assim o recomendar a situação econômica do réu, o limite mínimo ou máximo do valor da fiança poderá ser reduzido em até nove décimos ou aumentado até o décuplo. (Incluído pela Lei nº 8.035, de 27.4.1990)	

* Considerando R$ 545,00 o valor do salário mínimo.

Atualmente, o título X cuida da "prisão, da liberdade provisória e de outras medidas cautelares". Assim, aplica-se à prisão em flagrante as novas disposições legislativas, inclusive no caso de crime contra a economia popular ou de sonegação fiscal.

91. Artigo 334

Redação antiga	Redação atual
Art. 334. A fiança poderá ser prestada em qualquer termo do processo, enquanto não transitar em julgado a sentença condenatória.	Art. 334. A fiança poderá ser prestada enquanto não transitar em julgado a sentença condenatória.

Sem alterações. A fiança pode ser prestada até o trânsito em julgado da sentença condenatória.

92. Artigo 335

Redação antiga	Redação atual
Art. 335. Recusando ou demorando a autoridade policial a concessão da fiança, o preso, ou alguém por ele, poderá prestá-la, mediante simples petição, perante o juiz competente, que decidirá, depois de ouvida aquela autoridade.	Art. 335. Recusando ou retardando a autoridade policial a concessão da fiança, o preso, ou alguém por ele, poderá prestá-la, mediante simples petição, perante o juiz competente, que decidirá em 48 (quarenta e oito) horas.

A única alteração do dispositivo foi substituir "demorando" por "retardando". Sem repercussão jurídica. Se a autoridade policial recusar ou retardar a concessão da fiança, o preso, ou alguém por ele, poderá prestá-la, mediante simples petição, perante o juiz competente, que decidirá no prazo de 48 horas. Cuida-se de uma garantia do preso.

93. Artigo 336, *caput*

Redação antiga	Redação atual
Art. 336. O dinheiro ou objetos dados como fiança ficarão sujeitos ao pagamento das custas, da indenização do dano e da multa, se o réu for condenado.	Art. 336. O dinheiro ou objetos dados como fiança servirão ao pagamento das custas, da indenização do dano, da prestação pecuniária e da multa, se o réu for condenado.

Apenas uma alteração: o acréscimo da prestação pecuniária. Assim, se o réu* for condenado, o dinheiro ou os objetos prestados como fiança servirão como pagamento, na seguinte ordem:

1º) das custas;
2º) da indenização do dano;
3º) da prestação pecuniária (novidade);
4º) da multa.

Conforme expressa o parágrafo primeiro do art. 45 do Código Penal, a prestação pecuniária consiste no pagamento em dinheiro:

a) à vítima;
b) aos dependentes da vítima;
c) à entidade pública ou privada com destinação social.

A importância, fixada pelo juiz, não pode ser inferior a um salário mínimo, nem superior a 360 salários mínimos, e o valor pago será deduzido do montante da eventual condenação em ação de reparação civil, se coincidentes os beneficiários.

94. Artigo 336, parágrafo único

Redação antiga	Redação atual
Art. 336. [...] Parágrafo único. Este dispositivo terá aplicação ainda no caso da prescrição depois da sentença condenatória (Código Penal, art. 110 e seu parágrafo).	Art. 336. [...] Parágrafo único. Este dispositivo terá aplicação ainda no caso da prescrição depois da sentença condenatória (art. 110 do Código Penal).

Sem alteração. Mesmo que ocorra a prescrição da pena executória (após a sentença condenatória), o dinheiro ou os objetos dados como fiança servirão ao pagamento das custas, da indenização do dano ou da prestação pecuniária e da multa.

---

* Melhor seria referir-se a "acusado" como fez a nova lei em outros artigos.

95. Artigo 337

Redação antiga	Redação atual
Art. 337. Se a fiança for declarada sem efeito ou passar em julgado a sentença que houver absolvido o réu ou declarado extinta a ação penal, o valor que a constituir será restituído sem desconto, salvo o disposto no parágrafo do artigo anterior.	Art. 337. Se a fiança for declarada sem efeito ou passar em julgado sentença que houver absolvido o acusado ou declarada extinta a ação penal, o valor que a constituir, atualizado, será restituído sem desconto, salvo o disposto no parágrafo único do art. 336 deste Código.

Sem relevantes alterações. A nova lei substituiu "réu" por "acusado"; acrescentou "atualizado" e "art. 336" no final do art. 337. O valor da fiança prestada, devidamente atualizado, será restituído sem desconto, em três hipóteses:

1ª) se a fiança for declarada sem efeito;

2ª) se transitar em julgado a sentença que absolveu o acusado;

3ª) se for declarada extinta a ação penal.

Vale reprisar que a prescrição, após a sentença condenatória, não exime o condenado do pagamento da fiança.

96. Artigo 341, *caput*

Redação antiga	Redação atual
Art. 341. Julgar-se-á quebrada a fiança quando o réu, legalmente intimado para ato do processo, deixar de comparecer, sem provar, incontinenti, motivo justo, ou quando, na vigência da fiança, praticar outra infração penal.	Art. 341. Julgar-se-á quebrada a fiança quando o acusado [...]

A antiga redação trazia as hipóteses de quebramento da fiança no *caput* do artigo, enquanto a nova preferiu alinhá-las por meio de incisos. A seguir, examinaremos cada hipótese, comparando com a antiga disposição. Vale registrar a alteração da expressão "réu" por "acusado".

97. Artigo 341, inciso I

Redação antiga	Redação atual
Art. 341. Julgar-se-á quebrada a fiança quando o réu, legalmente intimado para ato do processo, deixar de comparecer, sem provar, incontinenti, motivo justo.	Art. 341. [...] I – regularmente intimado para ato do processo, deixar de comparecer, sem motivo justo.

A primeira hipótese de quebramento da fiança ocorre quando o acusado é regularmente intimado para algum ato do processo e deixa de comparecer injustificadamente; assemelha-se à primeira parte da redação antiga, portanto, nesse ponto, sem alterações.

98. Artigo 341, inciso II

Redação antiga	Redação atual
Art. 341. [...] Sem correspondência	Art. 341. [...] II – deliberadamente praticar ato de obstrução ao andamento do processo.

A segunda hipótese de quebramento da fiança dá-se quando o acusado pratica ato de obstrução ao andamento do processo. São necessários, portanto, os seguintes requisitos:

a) **intenção deliberada do acusado:** conduta proposital do acusado em obstar o andamento do processo;

b) **prática de ato de obstrução ao andamento do processo:** criação de obstáculos, por exemplo, fornecer endereços e arrolar testemunhas inexistentes.

99. Artigo 341, inciso III

Redação antiga	Redação atual
Sem correspondência	Art. 341. [...] III – descumprir medida cautelar imposta cumulativamente com a fiança.

A terceira hipótese de quebramento da fiança é o descumprimento por parte do acusado de medida cautelar imposta cumulativamente com a fiança. Vimos que o parágrafo 4º do art. 319 assevera que a fiança pode ser cumulada com outras medidas cautelares e, sendo cumulada, o desrespeito à outra medida cautelar impõe o seu quebramento.

100. Artigo 341, inciso IV

Redação antiga	Redação atual
Sem correspondência	Art. 341. [...] IV – resistir injustificadamente à ordem judicial.

A quarta hipótese de quebramento da fiança é a resistência injustificada à uma ordem judicial. Extraímos três requisitos:

a) **ato de resistência:** a conduta de negar-se, opor-se ou recusar o cumprimento da ordem judicial;

b) **ato injustificado:** a conduta do acusado não encontra respaldo na ordem jurídica; de outro lado, se o ato é justificado, o quebramento da fiança não se justifica. Por exemplo, recusa a ser preso por saber que a ordem é ilegal;

c) **ordem judicial:** o quebramento é cabível somente quando a ordem é do juiz; resistir à ordem da autoridade policial ou do membro do Ministério Público não enseja o quebramento.

101. Artigo 341, inciso V

Redação antiga	Redação atual
Art. 341. Julgar-se-á quebrada a fiança [...] quando, na vigência da fiança, praticar outra infração penal.	Art. 341. [...] V – praticar nova infração penal dolosa.

A quinta hipótese de quebramento da fiança é semelhante à segunda parte da antiga redação, porém a atual exige que a infração penal seja dolosa, isto é, somente a prática de novo crime doloso enseja o quebramento da fiança.

102. Artigo 343

Redação antiga	Redação atual
Art. 343. O quebramento da fiança importará a perda de metade do seu valor e a obrigação, por parte do réu, de recolher-se à prisão, prosseguindo-se, entretanto, à sua revelia, no processo e julgamento, enquanto não for preso.	**Art. 343.** O quebramento injustificado da fiança importará na perda de metade do seu valor, cabendo ao juiz decidir sobre a imposição de outras medidas cautelares ou, se for o caso, a decretação da prisão preventiva.

A redação atual cuida das consequências do quebramento da fiança, ao falar em quebramento "injustificado", enquanto a antiga não. Entretanto, o entendimento era no sentido de que as consequências do quebramento só fariam sentido se o acusado não apresentasse justificativa de sua conduta. Portanto, sem repercussão jurídica nesse ponto. Vamos às consequências:

1ª) **perda da metade do seu valor:** nesse ponto, sem alterações; o quebramento injustificado da fiança gera a perda da metade de seu valor, mesmo que o acusado venha a ser absolvido;

2ª) **imposição de outras medidas cautelares:** trata-se de novidade, pois na redação antiga o quebramento injustificado gerava a obrigação de o acusado ter de recolher-se à prisão, e, enquanto não fosse preso, o processo e julgamento prosseguiam à sua revelia. Agora, antes de decretar a prisão preventiva o juiz deve analisar se não deve impor outra medida cautelar. Se não for o caso, decretará a preventiva;

3ª) **decretação da prisão preventiva:** a prisão preventiva é a última saída, o último instrumento de coerção, e deverá ser decretada somente se não couber imposição de outras medidas cautelares.

103. Artigo 344

Redação antiga	Redação atual
Art. 344. Entender-se-á perdido, na totalidade, o valor da fiança, se, condenado, o réu não se apresentar à prisão.	**Art. 344.** Entender-se-á perdido, na totalidade, o valor da fiança, se, condenado, o acusado não se apresentar para o início do cumprimento da pena definitivamente imposta.

No artigo anterior, vimos que o acusado perde metade do valor da fiança no caso de quebramento injustificado desta. A hipótese, agora, é de perdimento total da fiança. Dá-se quando o condenado não se apresenta para o início do cumprimento da pena. Extraímos, assim, os seguintes requisitos:

1º) **condenação do acusado:** a perda total da fiança somente se aplica quando o acusado for condenado, enquanto na perda de metade da fiança o acusado pode até ser absolvido;

2º) **não apresentação para o início do cumprimento da pena:** a redação anterior dizia que haveria a perda total da fiança se o réu não se apresentasse à prisão. Apesar de tal redação, sabemos que mesmo antes da nova lei o condenado não precisava recolher-se à prisão, pois já existiam as penas alternativas. A nova lei apenas corrigiu essa distorção alterando a expressão "não se apresentar à prisão" por "não se apresentar para o início do cumprimento da pena definitivamente imposta";

3º) **pena definitivamente imposta:** para a perda total da fiança exige-se o trânsito em julgado, ou seja, enquanto não ocorrer, não se perde o valor total.

104. Artigo 345

Redação antiga	Redação atual
Art. 345. No caso de perda da fiança, depois de deduzidas as custas e mais encargos a que o réu estiver obrigado, o saldo será recolhido ao Tesouro Nacional.	**Art. 345.** No caso de perda da fiança, o seu valor, deduzidas as custas e mais encargos a que o acusado estiver obrigado, será recolhido ao fundo penitenciário, na forma da lei.

Sem alterações relevantes, apenas atualização do que já vinha acontecendo. No caso de perda da fiança, total ou parcial, o seu valor será recolhido ao Fundo Penitenciário.

O Fundo Penitenciário Nacional foi criado pela Lei Complementar nº 79/1994, com a finalidade de proporcionar recursos e meios para financiar e apoiar as atividades de modernização e aprimoramento do Sistema Penitenciário Brasileiro. O Fundo Penitenciário Nacional (Funpen) é regulamentado pelo Decreto nº 1.093/1994, e o Departamento Penitenciário Nacional (Depen) é o gestor legal dos seus recursos.

O valor da fiança prestada, no caso de perda, servirá a pagamentos e recolhimento, na seguinte ordem:

1º) pagamento das custas;

2º) pagamento da indenização do dano;

3º) pagamento da prestação pecuniária;

4º) pagamento da multa;

5º) recolhimento integral do restante ao Fundo Penitenciário Nacional.

Observe-se que, não sendo caso de perdimento da fiança, após realizados todos os pagamentos, o que sobrar do valor pago (se sobrar) é devolvido ao condenado.

105. Artigo 346

Redação antiga	Redação atual
Art. 346. No caso de quebramento de fiança, feitas as deduções previstas no artigo anterior, o saldo será, até metade do valor da fiança, recolhido ao Tesouro Federal.	Art. 346. No caso de quebramento de fiança, feitas as deduções previstas no art. 345 deste Código, o valor restante será recolhido ao fundo penitenciário, na forma da lei.

Mais uma vez, sem alterações relevantes. Apenas uma atualização do que já vinha acontecendo. No caso de quebramento da fiança, o valor, assim como no caso de perda, servirá a pagamentos e recolhimento, na mesma ordem da perda da fiança com uma única diferença no "item 5". Vejamos:

1º) pagamento das custas;
2º) pagamento da indenização do dano;
3º) pagamento da prestação pecuniária;
4º) pagamento da multa;
5º) recolhimento de até metade do valor da fiança ao Fundo Penitenciário Nacional (na perda é integral).

O art. 347, não alterado pela nova lei, diz que, se não for caso de perda da fiança, o saldo será entregue a quem a houver prestado, depois de deduzidos os encargos a que o réu estiver obrigado.

Em suma, na hipótese de perda do valor da fiança, o condenado não tem direito à restituição, ja na hipótese de quebramento, o condenado tem direito ao que sobrar após as deduções.

106. Artigo 350, *caput*

Redação antiga	Redação atual
Art. 350. Nos casos em que couber fiança, o juiz, verificando ser impossível ao réu prestá-la, por motivo de pobreza, poderá conceder-lhe a liberdade provisória, sujeitando-o às obrigações constantes dos arts. 327 e 328 [...].	Art. 350. Nos casos em que couber fiança, o juiz, verificando a situação econômica do preso, poderá conceder-lhe liberdade provisória, sujeitando-o às obrigações constantes dos arts. 327 e 328 deste Código e a outras medidas cautelares, se for o caso.

A primeira parte do revogado art. 350 assemelha-se com a atual. Nos casos em que couber a fiança, ou seja, não sendo vedada nos termos dos arts. 323 e 324 do Código de Processo Penal, o juiz poderá conceder-lhe liberdade provisória e, ao verificar a situação econômica do preso constatar que não pode prestá-la, ao invés de arbitrar o valor da fiança, o sujeitará às obrigações dos arts. 327 e 328, ambos do Código de Processo Penal e, se for caso, também a outras medidas cautelares.

107. Artigo 350, parágrafo único

Redação antiga	Redação atual
Art. 350. [...] Se o réu infringir, sem motivo justo, qualquer dessas obrigações ou praticar outra infração penal, será revogado o benefício.	Art. 350. [...] Parágrafo único. Se o beneficiado descumprir, sem motivo justo, qualquer das obrigações ou medidas impostas, aplicar-se-á o disposto no § 4º do art. 282 deste Código.

O parágrafo único do revogado art. 350 assemelha-se com a atual, mas com algumas alterações. A antiga redação falava em "réu"; a atual, em "beneficiado". Com esta, concordamos, justamente por se tratar de um benefício face à sua condição econômica. E qual é o benefício? Não prestar fiança, mas cumprir obrigações. Anteriormente, para o benefício ser revogado, deveria ocorrer uma das seguintes hipóteses:

1ª) o réu infringir, sem motivo justo, qualquer das obrigações constantes dos arts. 327 e 328 do Código de Processo Penal;

2ª) praticar outra infração penal.

Atualmente, não se fala em revogação, mas na aplicação do parágrafo 4º, do art. 282, do Código de Processo Penal, o qual traz consequências no caso de descumprimento de qualquer das obrigações impostas. Assim, o juiz, de ofício ou mediante requerimento do Ministério Público, de seu assistente ou do querelante, poderá tomar as seguintes providências:

1ª) substituir a medida cautelar;

2ª) impor outra medida cautelar em cumulação;

3ª) decretar a prisão preventiva, em último caso.

108. Artigo 439

Redação antiga	Redação atual
Art. 439. O exercício efetivo da função de jurado constituirá serviço público relevante, estabelecerá presunção de idoneidade moral e assegurará prisão especial, em caso de crime comum, até o julgamento definitivo. (Redação dada pela Lei nº 11.689, de 2008)	Art. 439. O exercício efetivo da função de jurado constituirá serviço público relevante e estabelecerá presunção de idoneidade moral.

A Lei nº 12.403/2011 também inovou em relação ao Tribunal do Júri. Pela nova redação do artigo 439, o efetivo exercício da função de jurado constitui serviço público relevante, e gera presunção de idoneidade moral. Esses dois efeitos também eram previstos na redação antiga, porém mais favorável, pois também assegurava prisão especial no caso de crime comum, até o julgamento definitivo. A atual não manteve o benefício.

109. Artigo 289-A, *caput*

Redação antiga	Redação atual
Sem correspondência	Art. 289-A. O juiz competente providenciará o imediato registro do mandado de prisão em banco de dados mantido pelo Conselho Nacional de Justiça para essa finalidade.

A partir da nova lei, o juiz competente providenciará o registro imediato do mandado de prisão em banco de dados mantido pelo Conselho Nacional de Justiça para essa finalidade.

110. Artigo 289-A, § 1º

Redação antiga	Redação atual
Sem correspondência	Art. 289-A. [...] § 1º. Qualquer agente policial poderá efetuar a prisão determinada no mandado de prisão registrado no Conselho Nacional de Justiça, ainda que fora da competência territorial do juiz que o expediu.

Uma vez registrado o mandado de prisão pelo juiz competente no Conselho Nacional de Justiça (CNJ), qualquer agente policial poderá efetuar a prisão, mesmo que esteja fora da competência territorial do juiz que expediu o mandado de prisão.

Exemplificando: o juiz da comarca "A" expediu um mandado de prisão ao acusado que reside na comarca "B". O juiz expede carta precatória para que seja cumprida a ordem de prisão, mas o acusado se encontra na comarca "C". Em seguida, um agente policial é informado por meio do banco de dados do CNJ sobre a ordem e efetua a prisão.

A prisão é legal, pois apesar de não ter em mãos o mandado de prisão e nem a carta precatória, com a nova lei a prisão será formalmente legítima.

111. Artigo 289-A, § 2º

Redação antiga	Redação atual
Sem correspondência	Art. 289-A. [...] § 2º. Qualquer agente policial poderá efetuar a prisão decretada, ainda que sem registro no Conselho Nacional de Justiça, adotando as precauções necessárias para averiguar a autenticidade do mandado e comunicando ao juiz que a decretou, devendo este providenciar, em seguida, o registro do mandado na forma do *caput* deste artigo.

Conforme visto, o registro do mandado de prisão no CNJ permite a qualquer agente policial cumprir a ordem, porém, ainda que não haja o registro, qualquer agente policial poderá efetuar a prisão decretada, desde que obedeça aos seguintes requisitos legais:

a) adotar as precauções necessárias para averiguar a autenticidade do mandado;

b) comunicar ao juiz que decretou a prisão.

O juiz, após ser comunicado sobre a prisão, deve providenciar, em seguida, o registro do mandado no Conselho Nacional de Justiça. A nosso ver, a ausência de tais providências torna a prisão ilegal.

112. Artigo 289-A, § 3º

Redação antiga	Redação atual
Sem correspondência	Art. 289-A. [...] § 3º. A prisão será imediatamente comunicada ao juiz do local de cumprimento da medida o qual providenciará a certidão extraída do registro do Conselho Nacional de Justiça e informará ao juízo que a decretou.

Após cumprida a ordem de prisão por um agente policial, será imediatamente comunicada ao juiz do local onde foi cumprida a ordem e este providenciará a certidão extraída do registro do CNJ e, em seguida, informará ao juiz que decretou a prisão. A nosso ver, a ausência de tais providências torna a prisão ilegal.

113. Artigo 289-A, § 4º

Redação antiga	Redação atual
Sem correspondência	Art. 289-A. [...] § 4º. O preso será informado de seus direitos, nos termos do inciso LXIII do art. 5º da Constituição Federal e, caso o autuado não informe o nome de seu advogado, será comunicado à Defensoria Pública.

O preso será informado de seus direitos, nos termos do inciso LXIII, do art. 5º, da Constituição Federal. E quais são esses direitos?

1º) ser informado de seus direitos, entre os quais o de permanecer calado: o direito de permanecer em silêncio é apenas um dentre vários direitos assegurados ao preso; a própria Constituição Federal em outros incisos do mesmo art. 5º os relaciona:

LXII – a prisão de qualquer pessoa e o local onde se encontre serão comunicados imediatamente ao juiz competente e à família do preso ou à pessoa por ele indicada;

LXIV – o preso tem direito à identificação dos responsáveis por sua prisão ou por seu interrogatório policial;

LXVI – ninguém será levado à prisão ou nela mantido, quando a lei admitir a liberdade provisória, com ou sem fiança.

2º) direito à assistência da família: qualquer membro da família;

3º) direito a constituir advogado: caso o preso não informe o nome de seu advogado, será comunicado à Defensoria Pública, que providenciará a nomeação de um advogado dos seus quadros ou que faça parte do Convênio Defensoria Pública/OAB.

114. Artigo 289-A, § 5º

Redação antiga	Redação atual
Sem correspondência	Art. 289-A. [...] § 5º. Havendo dúvidas das autoridades locais sobre a legitimidade da pessoa do executor ou sobre a identidade do preso, aplica-se o disposto no § 2º do art. 290 deste Código.

Havendo dúvidas por parte das autoridades locais sobre a legitimidade da pessoa do executor ou sobre a identidade do preso, aplica-se o disposto no § 2º, do art. 290, do Código de Processo Penal. A dúvida, portanto, tem um agente originário – quem duvida – e um destinatário – de quem se duvida. Assim, temos:

a) **quem duvida:** é a autoridade local, por exemplo, a autoridade policial ou judicial;

b) **de quem se duvida:** a dúvida recai sobre o executor da prisão e sobre o preso.

Em relação ao executor, recai sobre sua legitimidade, pois a lei diz que somente o agente policial poderá cumprir a ordem de prisão. Portanto, se não for policial, ausente está a legitimidade do executor e, por conseguinte, a prisão se torna ilegal. Em relação ao preso, a dúvida recai sobre sua identidade. Nesse caso, o receio pode ser eliminado, por exemplo, por meio da identificação criminológica (por foto ou datiloscópica) e conferência dos dados do mandado.

Enfim, nos termos do parágrafo 2º, do art. 290, do Código de Processo Penal, quando as autoridades locais tiverem fundadas razões para duvidar da legitimidade da pessoa do executor ou da legalidade do mandado que apresentar poderão colocar o acusado em custódia até que fique esclarecida a dúvida.

115. Artigo 289-A, § 6º

Redação antiga	Redação atual
Sem correspondência	Art. 289-A. [...] § 6º. O Conselho Nacional de Justiça regulamentará o registro do mandado de prisão a que se refere o *caput* deste artigo.

De acordo com a nova lei, cabe ao Conselho Nacional de Justiça regulamentar e ditar as normas do registro do mandado de prisão. Apresentamos um resumo do art. 289-A:

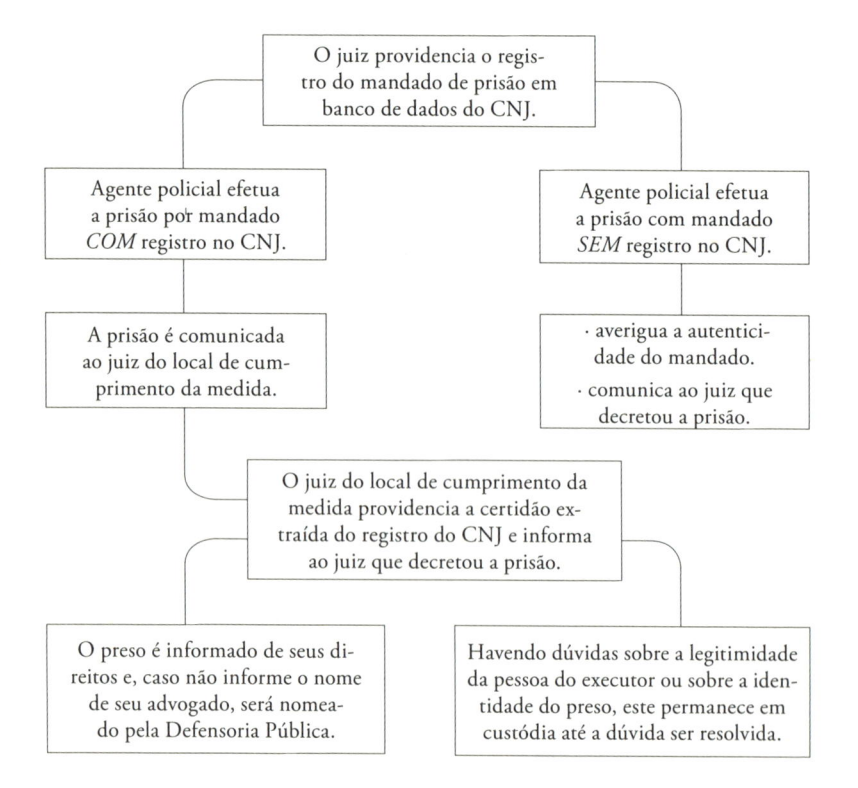

O juiz providencia o registro do mandado de prisão em banco de dados do CNJ.

Agente policial efetua a prisão por mandado *COM* registro no CNJ.

Agente policial efetua a prisão com mandado *SEM* registro no CNJ.

A prisão é comunicada ao juiz do local de cumprimento da medida.

· averigua a autenticidade do mandado.
· comunica ao juiz que decretou a prisão.

O juiz do local de cumprimento da medida providencia a certidão extraída do registro do CNJ e informa ao juiz que decretou a prisão.

O preso é informado de seus direitos e, caso não informe o nome de seu advogado, será nomeado pela Defensoria Pública.

Havendo dúvidas sobre a legitimidade da pessoa do executor ou sobre a identidade do preso, este permanece em custódia até a dúvida ser resolvida.

116. Artigos revogados:

A nova Lei nº 12.403/2011 revogou, expressamente, os seguintes artigos:

Art. 298. Se a autoridade tiver conhecimento de que o réu se acha em território estranho ao da sua jurisdição, poderá, por via postal ou telegráfica, requisitar a sua captura, declarando o motivo da prisão e, se afiançável a infração, o valor da fiança.

Art. 313. Em qualquer das circunstâncias, previstas no artigo anterior, será admitida a decretação da prisão preventiva nos crimes dolosos: (Redação dada pela Lei nº 6.416, de 24.5.1977)

IV – se o crime envolver violência doméstica e familiar contra a mulher, nos termos da lei específica, para garantir a execução das medidas protetivas de urgência.(Incluído pela Lei nº 11.340, de 2006)

Art. 319. A prisão administrativa terá cabimento:

I – contra remissos ou omissos em entrar para os cofres públicos com os dinheiros a seu cargo, a fim de compeli-los a que o façam;

II – contra estrangeiro desertor de navio de guerra ou mercante, surto em porto nacional;

III – nos demais casos previstos em lei.

§ 1º. A prisão administrativa será requisitada à autoridade policial nos casos dos nºs. I e III, pela autoridade que a tiver decretado e, no caso do nº II, pelo cônsul do país a que pertença o navio.

§ 2º. A prisão dos desertores não poderá durar mais de três meses e será comunicada aos cônsules.

§ 3º. Os que forem presos à requisição de autoridade administrativa ficarão à sua disposição.

Art. 321. Ressalvado o disposto no art. 323, III e IV, o réu livrar-se-á solto, independentemente de fiança:

I – no caso de infração, a que não for, isolada, cumulativa ou alternativamente, cominada pena privativa de liberdade;

II – quando o máximo da pena privativa de liberdade, isolada, cumulativa ou alternativamente cominada, não exceder a três meses.

Art. 323. Não será concedida fiança:

IV – em qualquer caso, se houver no processo prova de ser o réu vadio;

V – nos crimes punidos com reclusão, que provoquem clamor público ou que tenham sido cometidos com violência contra a pessoa ou grave ameaça. (Incluído pela Lei nº 6.416, de 24.5.1977)

Art. 324. Não será, igualmente, concedida fiança:

III – ao que estiver no gozo de suspensão condicional da pena ou de livramento condicional, salvo se processado por crime culposo ou contravenção que admita fiança.

Art. 325. O valor da fiança será fixado pela autoridade que a conceder nos seguintes limites: (Redação dada pela Lei nº 7.780, de 22.6.1989)

§ 2º. Nos casos de prisão em flagrante pela prática de crime contra a economia popular ou de crime de sonegação fiscal, não se aplica o disposto no art. 310 e parágrafo único deste Código, devendo ser observados os seguintes procedimentos: (Incluído pela Lei nº 8.035, de 27.4.1990)

I – a liberdade provisória somente poderá ser concedida mediante fiança, por decisão do juiz competente e após a lavratura do auto de prisão em flagrante; (Incluído pela Lei nº 8.035, de 27.4.1990)

II – o valor de fiança será fixado pelo juiz que a conceder, nos limites de dez mil a cem mil vezes o valor do Bônus do Tesouro Nacional – BTN, da data da prática do crime; (Incluído pela Lei nº 8.035, de 27.4.1990)

III – se assim o recomendar a situação econômica do réu, o limite mínimo ou máximo do valor da fiança poderá ser reduzido em até nove décimos ou aumentado até o décuplo. (Incluído pela Lei nº 8.035, de 27.4.1990)

Art. 393. São efeitos da sentença condenatória recorrível:

I – ser o réu preso ou conservado na prisão, assim nas infrações inafiançáveis, como nas afiançáveis enquanto não prestar fiança;

II – ser o nome do réu lançado no rol dos culpados.

Art. 595. Se o réu condenado fugir depois de haver apelado, será declarada deserta a apelação.

Questões elaboradas pelo autor sobre a Lei nº 12.403/2011

— *Para futuras provas* —
do Exame da OAB e concursos públicos

1. **Nos termos da Lei nº 12.403/2011, são requisitos para aplicação das medidas cautelares:**

    a) A necessidade para aplicação da lei penal, para a investigação ou a instrução criminal e, nos casos expressamente previstos, para evitar a prática de crimes, mas não contravenções penais.

    b) Adequação da medida à gravidade do crime, circunstâncias do fato, dispensando as condições pessoais do indiciado ou acusado.

    c) As medidas cautelares poderão ser aplicadas apenas isoladamente.

    d) A necessidade para aplicação da lei penal, para a investigação ou a instrução criminal e, nos casos expressamente previstos, para evitar a prática de infrações penais.

2. **Nos termos da Lei nº 12.403/2011, as medidas cautelares serão decretadas pelo juiz no curso da investigação criminal:**

    a) De ofício, pelo juiz, ou a requerimento das partes ou por representação da autoridade policial ou mediante requerimento do Ministério Público.

    b) Mediante representação da autoridade policial ou mediante requerimento do Ministério Público.

    c) A requerimento das partes ou por representação da autoridade policial ou mediante requerimento do Ministério Público.

d) De ofício, pelo juiz, ou a requerimento das partes.

3. Nos termos da Lei nº 12.403/2011, analise as assertivas e assinale a alternativa correta:

I – O juiz, ao receber o pedido de medida cautelar, sempre determinará a intimação da parte contrária, acompanhada de cópia do requerimento e das peças necessárias, permanecendo os autos em juízo.

II – No caso de descumprimento de qualquer das obrigações impostas, o juiz, somente mediante requerimento do Ministério Público, de seu assistente ou do querelante, poderá substituir a medida, impor outra em cumulação, ou, em último caso, decretar a prisão preventiva (art. 312, parágrafo único).

III – A prisão preventiva será determinada quando não for cabível a sua substituição por outra medida cautelar (art. 319).

a) Todos os itens estão corretos.

b) Todos os itens estão corretos.

c) Somente o item III está correto.

d) O item I e III estão corretos.

4. Nos termos da Lei nº 12.403/2011, complete as lacunas:

Ninguém poderá ser preso senão em _____ ou por ordem escrita e fundamentada da autoridade judiciária competente, em decorrência de _____ transitada em julgado ou, no curso da investigação ou do processo, em virtude de _____ ou _____ .

5. Nos termos da Lei nº 12.403/2011, assinale V (verdadeiro) ou F (falso) as assertivas:

I – As medidas cautelares previstas neste Título somente se aplicam à infração que for isolada ou cumulativa, mas não alternativamente cominada pena privativa de liberdade.

II – A prisão poderá ser efetuada em qualquer dia e a qualquer hora, respeitadas as restrições relativas à inviolabilidade do domicílio.

III – Quando o acusado estiver no território nacional, fora da jurisdição do juiz processante, será deprecada a sua prisão, devendo constar da precatória o inteiro teor do mandado.

IV – Havendo urgência, o juiz deverá requisitar a prisão por qualquer meio de comunicação, no qual poderá constar o motivo da prisão, bem como o valor da fiança se arbitrada.

V – A autoridade a quem se fizer a requisição tomará as precauções necessárias para averiguar a autenticidade da comunicação.

VI – O juiz processante deverá providenciar a remoção do preso no prazo máximo de 60 (sessenta) dias, contados da efetivação da medida.

6. **Nos termos da Lei nº 12.403/2011, responda objetivamente às questões:**

I – As pessoas presas ficarão separadas, sempre que possível, das que já estiverem definitivamente condenadas ou deverão ficar juntas?

II – Onde será recolhido o militar preso em flagrante delito, após a lavratura dos procedimentos legais?

7. **Uma das pessoas ou órgão abaixo foi inserido (a) pela Lei nº 12.403/2011, para ser comunicado da prisão de qualquer pessoa e o local onde se encontre. Assinale a alternativa correta:**

a) Juiz competente.

b) Ministério Público.

c) Família do preso.

d) Pessoa indicada pelo preso.

8. **Em quanto tempo após a realização da prisão será encaminhado ao juiz competente o auto de prisão em flagrante?**
   a) 36 horas.
   b) 48 horas.
   c) 24 horas.
   d) 1 dia.

9. **A nota de culpa entregue ao preso será assinada pela autoridade, não contendo:**
   a) O motivo da prisão.
   b) O nome do condutor.
   c) O nome das testemunhas.
   d) O nome do juiz competente.

10. **Nos termos da Lei nº 12.403/2011, ao receber o auto de prisão em flagrante o juiz deverá, fundamentadamente, tomar uma decisão. Enumere de 1 a 3 as decisões a serem tomadas de acordo com a ordem dos incisos do art. 310 do Código de Processo Penal:**
    ( ) converter a prisão em flagrante em preventiva, quando presentes os requisitos constantes do art. 312 deste Código, e se revelarem inadequadas ou insuficientes as medidas cautelares diversas da prisão;
    ( ) conceder liberdade provisória, com ou sem fiança;
    ( ) relaxar a prisão ilegal.

11. **Assinale a alternativa incorreta. Na fase da investigação policial, caberá a prisão preventiva decretada pelo juiz:**
    a) De ofício.

b) A requerimento do Ministério Público.

c) A requerimento do querelante.

d) A requerimento assistente.

e) Por representação da autoridade policial.

12. **Nos termos da Lei nº 12.403/2011, responda objetivamente. A prisão preventiva poderá ser decretada como garantia da ordem pública, da ordem econômica, por conveniência da instrução criminal, ou para assegurar a aplicação da lei penal, quando houver prova da existência do crime e indício suficiente de autoria. Em qualquer outro caso a prisão preventiva também poderá ser decretada?**

13. **Analise os itens a seguir e assinale a alternativa correta. Nos termos da nova redação dada pela Lei nº 12.403/2011 ao art. 312, será admitida a decretação da prisão preventiva:**

I – nos crimes dolosos punidos com pena privativa de liberdade máxima igual ou superior a 4 (quatro) anos;

II – se tiver sido condenado por outro crime doloso, em sentença transitada em julgado, ressalvado o disposto no inciso I do *caput* do art. 64 do Decreto-Lei nº 2.848, de 7 de dezembro de 1940 – Código Penal;

III – se o crime envolver violência doméstica e familiar somente contra a mulher, criança, adolescente, idoso, enfermo, para garantir a execução das medidas protetivas de urgência.

a) Todas as assertivas são verdadeiras.

b) Somente a assertiva I é verdadeira.

c) Somente a assertiva II é verdadeira.

d) As assertivas I e II são verdadeiras.

e) As assertivas II e III são verdadeiras.

14. A prisão preventiva em nenhum caso será decretada se o juiz verificar pelas provas constantes dos autos que o agente praticou o fato nas condições previstas como:

a) excludentes da culpabilidade;
b) excludentes da punibilidade;
c) em qualquer uma das hipóteses anteriores;
d) excludentes da antijuridicidade.

15. Analise as assertivas e assinale a alternativa correta. Poderá o juiz substituir a prisão preventiva pela domiciliar quando o agente for:

I – maior de 65 (sessenta e cinco) anos;
II – extremamente debilitado por motivo de doença grave;
III – imprescindível aos cuidados especiais de pessoa menor de 7 (sete) anos de idade ou com deficiência;
IV – gestante a partir do 7º (sétimo) mês de gravidez ou a critério médico.

a) Os itens I, III e IV são falsos.
b) Todos os itens são falsos.
c) Apenas os itens I e IV são falsos.
d) Todos os itens são verdadeiros.
e) Os itens I, II e IV são verdadeiros.

16. Complete as lacunas. Nos termos do novel art. 319, são medidas cautelares diversas da prisão:

I – comparecimento _____ em juízo, no prazo e nas condições fixadas pelo _____, para informar e justificar atividades;

II – proibição de acesso ou frequência a determinados _____ quando, por circunstâncias relacionadas ao fato, deva o indiciado ou acusado permanecer distante desses locais para evitar o risco de _____.

III – proibição de manter contato com _____ determinada quando, por circunstâncias relacionadas ao fato, deva o indiciado ou acusado dela permanecer _____;

IV – proibição de ausentar-se da _____ quando a permanência seja conveniente ou _____ para a investigação ou instrução;

V – recolhimento domiciliar no período _____ e nos dias de _____ quando o investigado ou acusado tenha residência e trabalho fixos;

VI – suspensão do exercício de _____ ou de atividade de natureza econômica ou _____ quando houver justo receio de sua utilização para a prática de infrações penais;

VII – internação provisória do acusado nas hipóteses de crimes praticados com violência ou _____, quando os peritos concluírem ser inimputável ou _____ (art. 26 do Código Penal) e houver risco de reiteração;

VIII – fiança, nas infrações que a admitem, para assegurar o comparecimento a atos do _____, evitar a obstrução do seu andamento ou em caso de _____ injustificada à ordem judicial;

IX – _____ eletrônica.

17. A proibição de ausentar-se do país será comunicada pelo juiz às autoridades encarregadas de fiscalizar as saídas do território nacional, intimando o indiciado ou acusado para entregar o passaporte, no prazo de:

a) 12 (doze) horas;

b) 36 (trinta e seis) horas;

c) 24 (vinte e quatro) horas;

d) 48 (quarenta e oito) horas.

18. **Assinale a alternativa correta.** A autoridade policial somente poderá conceder fiança nos casos de infração cuja pena privativa de liberdade máxima não seja superior a 4 (quatro) anos. Parágrafo único. Nos demais casos, a fiança será requerida ao juiz, que decidirá em 48 (quarenta e oito) horas.

a) superior a 4 (quatro) anos/48 (quarenta e oito) horas;
b) igual ou superior a 4 (quatro) anos/24 (vinte e quatro) horas;
c) superior a 4 (quatro) anos/48 (quarenta e oito) horas;
d) igual ou superior a 4 (quatro) anos/24 (vinte e quatro) horas.

19. **Nos termos da Lei nº 12.403/2011, não será concedida fiança para alguns delitos e algumas circunstâncias. Assinale com "X" as hipóteses em que NÃO será concedida fiança:**

I. ( ) quando presentes os motivos que autorizam a decretação da prisão preventiva;
II. ( ) nos crimes de racismo;
III. ( ) nas contravenções tipificadas nos arts. 59 e 60 da Lei das Contravenções Penais;
IV. ( ) nos crimes de tortura;
V. ( ) no homicídio simples;
VI. ( ) no tráfico ilícito de entorpecentes e drogas afins;
VII. ( ) nos crimes punidos com reclusão, que provoquem clamor público ou que tenham sido cometidos com violência contra a pessoa ou grave ameaça;
VIII. ( ) em qualquer caso, se houver no processo prova de ser o réu vadio;
IX. ( ) ao que estiver no gozo de suspensão condicional da pena ou de livramento condicional, salvo se processado por crime culposo ou contravenção que admita fiança;

X. ( ) no terrorismo;

XI. ( ) nos crimes definidos como crimes hediondos;

XII. ( ) roubo simples;

XIII. ( ) em caso de prisão civil ou militar;

XIV. ( ) aos que, no mesmo processo, tiverem quebrado fiança anteriormente concedida ou infringido, sem motivo justo, qualquer das obrigações a que se referem os arts. 327 e 328 deste Código;

XV. ( ) nos crimes cometidos por grupos armados, civis ou militares, contra a ordem constitucional e o Estado Democrático.

20. **Nos termos do art. 325, o valor da fiança será fixado pela autoridade obedecendo a certos limites. Assinale a alternativa correta:**

a) de 10 (dez) a 200 (duzentos) salários mínimos, quando se tratar de infração cuja pena privativa de liberdade, no grau máximo, não for superior a 4 (quatro) anos; de 1 (um) a 100 (cem) salários mínimos, quando o máximo da pena privativa de liberdade cominada for superior a 4 (quatro) anos;

b) de 10 (dez) a 100 (cem) salários mínimos, quando se tratar de infração cuja pena privativa de liberdade, no grau máximo, não for superior a 4 (quatro) anos; de 10 (dez) a 200 (duzentos) salários mínimos, quando o máximo da pena privativa de liberdade cominada for superior a 4 (quatro) anos;

c) de 1 (um) a 100 (cem) salários mínimos, quando se tratar de infração cuja pena privativa de liberdade, no grau máximo, não for superior a 4 (quatro) anos; de 10 (dez) a 200 (duzentos) salários mínimos, quando o máximo da pena privativa de liberdade cominada for superior a 4 (quatro) anos;

d) de 1 (um) a 200 (duzentos) salários mínimos, quando se tratar de infração cuja pena privativa de liberdade, no grau máximo, não for superior a 4 (quatro) anos; de 10 (dez) a 200 (duzentos) salários mínimos, quando o máximo da pena privativa de liberdade cominada for superior a 4 (quatro) anos.

21. Nos termos da Lei nº 12.403/2011, se assim recomendar a situação econômica do preso, a fiança poderá ser reduzida até o máximo de:
a) 2/3 (dois terços).
b) 1/3 (um terço).
c) 1/2 (metade).
d) 3/5 (três quintos).

22. Nos termos da Lei nº 12.403/2011, se assim recomendar a situação econômica do preso, a fiança poderá ser aumentada em até:
a) 100 (cem) vezes.
b) 1.000 (mil) vezes.
c) 10 (dez) vezes.
d) 10.000 (dez mil) vezes.

23. Nos termos da Lei nº 12.403/2011, o dinheiro ou objetos dados como fiança servirão ao pagamento, na seguinte ordem:
a) das custas, da prestação pecuniária, da indenização do dano e da multa, se o réu for condenado;
b) das custas, da indenização do dano, da multa e da prestação pecuniária, se o réu for condenado;
c) das custas, da prestação pecuniária, da multa da indenização do dano, se o réu for condenado;
d) das custas, da indenização do dano, da prestação pecuniária e da multa, se o réu for condenado.

24. Analise as assertivas abaixo e assinale a alternativa correta. Nos termos da Lei nº 12.403/2011, julgar-se-á quebrada a fiança quando o acusado:

I – regularmente intimado para ato do processo, deixar de comparecer, com motivo justificado;

II – deliberadamente praticar ato de obstrução ao andamento do processo;

III – descumprir medida cautelar imposta cumulativamente com a fiança;

IV – resistir justificadamente à ordem judicial;

V – praticar nova infração penal dolosa ou culposa.

a) Todas as assertivas são verdadeiras.

b) Apenas as alternativas I e V são falsas.

c) Apenas as alternativas IV e V são falsas.

d) Apenas as alternativas II, III e V são verdadeiras.

e) Apenas as alternativas II e III são verdadeiras.

25. Nos termos da Lei nº 12.403/2011, responda objetivamente. No caso de quebramento de fiança, feitas as deduções previstas no art. 345 deste Código, o valor restante será recolhido a qual órgão?

26. Nos termos da Lei nº 12.403/2011, o juiz competente providenciará o imediato registro do mandado de prisão em banco de dados mantido por qual órgão?

a) Conselho Nacional de Justiça.

b) Supremo Tribunal Federal.

c) Superior Tribunal de Justiça.

d) Tribunais de Justiça dos Estados ou Tribunais Regionais Federais.

e) Ministério da Justiça.

27. **Complete as lacunas nos termos da Lei nº 12.403/2011.**

Qualquer _____ poderá efetuar a prisão decretada, ainda que sem registro no _____, adotando as precauções necessárias para averiguar a autenticidade do mandado e comunicando ao _____ que a decretou, devendo este providenciar, em seguida, o registro do mandado na forma do *caput* deste artigo.

28. **Nos termos da Lei nº 12.403/2011, o preso será informado de seus direitos, nos termos do inciso LXIII do art. 5º da Constituição Federal e, caso o autuado não informe o nome de seu advogado, será comunicado:**

a) à Ordem dos Advogados do Brasil;

b) à Defensoria Pública;

c) ao Ministério Público;

d) aos três órgãos acima.

29. **De acordo com a Lei nº 12.403/2011, a assertiva abaixo é falsa ou verdadeira?**

"Qualquer agente policial poderá efetuar a prisão decretada, ainda que sem registro no Conselho Nacional de Justiça, adotando as precauções necessárias para averiguar a autenticidade do mandado e comunicando ao juiz que a decretou, devendo este providenciar, em seguida, o registro do mandado na forma do *caput* deste artigo."

30. **A Lei nº 12.403/2011 entrou em vigor no dia:**

a) 1º de julho de 2011.

b) 2 de julho de 2011.

c) 3 de julho de 2011.

d) 4 de julho de 2011.

Gabaritos

- *Questão 1:* Letra "D"

Errada. Abrange as contravenções penais, pois a lei fala em infrações penais. A infração penal é gênero que comporta o crime (ou delito) ou contravenção penal (art. 282, inciso I).

Errada. As condições pessoais do indiciado ou acusado também são levadas em conta (art. 282, II).

Errada. Podem ser aplicadas isolada ou cumulativamente (art. 282 § 1º).

Certa. Conforme art. 282, inciso I.

- *Questão 2:* Letra "B"

No curso da ação penal, as medidas cautelares serão decretadas pelo juiz, de ofício ou a requerimento das partes; no curso da investigação criminal, somente por representação da autoridade policial ou mediante requerimento do Ministério Público (art. 282 § 2º).

- *Questão 3:* Letra "C"

Item I – Errado. Nos casos de urgência ou de perigo de ineficácia da medida, o juiz não determina a intimação da parte contrária (art. 282, § 3º).

Item II – Errado. O juiz pode, de ofício (art. 282, § 4º).

Item III – Certo. O item é o art. 282, § 6º.

- *Questão 4*

As palavras-chave são: flagrante delito, sentença condenatória, prisão temporária, prisão preventiva.

- *Questão 5*

I – Falso. Aplicam-se também as medidas cautelares quando a pena privativa de liberdade for alternativa, por exemplo, pena de 1 a 4 anos ou multa (art. 283, § 1º).

II – Verdadeiro. Redação conforme o art. 283, § 2º.

III – Verdadeiro. Redação conforme o *caput* do art. 289.

IV – Falso. Há dois erros. O juiz poderá e não deverá; do qual deverá e não poderá (art. 289, § 1º).

V – Verdadeiro. Redação conforme art. 289, § 2º.

VI – Falso. O prazo é de 30 (trinta) dias (art. 289 § 3º).

• *Questão 6*

Item I – As pessoas presas provisoriamente ficarão separadas das que já estiverem definitivamente condenadas, nos termos da Lei de Execução Penal (art. 300, *caput*).

Item II – Será recolhido a quartel da instituição a que pertencer, onde ficará preso à disposição das autoridades competentes (art. 300, parágrafo único).

• *Questão 7:* Letra "B"

Conforme *caput* do art. 306.

• *Questão 8:* Letra "C"

Em 24 horas, conforme parágrafo primeiro do art. 306.

• *Questão 9:* Letra "D"

Não é requisito da nota de culpa conter o nome do juiz competente (art. 306, § 2º).

• *Questão 10*

A ordem é 2, 3, 1 (art. 310).

• *Questão 11:* Letra "A"

O juiz não pode decretar, de ofício, a prisão preventiva na fase da investigação policial, mas somente no curso da ação penal (art. 311).

• *Questão 12*

A prisão preventiva também poderá ser decretada em caso de descumprimento de qualquer das obrigações impostas por força de outras medidas cautelares (art. 282, § 4º), conforme o parágrafo único do art. 312.

- *Questão 13:* Letra "C"

  Item I – Falso. Será admitida a decretação da prisão preventiva nos crimes dolosos punidos com pena privativa de liberdade máxima apenas superior (e não igual) a 4 (quatro) anos, conforme o art. 311, inciso I

  Item II – Verdadeiro. Redação conforme o inciso II do art. 311

  Item III – Falso. O inciso III do art. 311 também fala em pessoa com deficiência. Por causa da expressão "somente" a afirmação é falsa.

- *Questão 14:* Letra "D"

Conforme o *caput* do art. 314, a prisão preventiva em nenhum caso será decretada se o juiz verificar pelas provas constantes dos autos que o agente praticou o fato nas condições previstas nos incisos I, II e III, do *caput* do art. 23, do Código Penal, ou seja, excludentes da antijuridicidade ou da ilicitude.

- *Questão 15:* Letra "A"

  Item I – Falso. O agente deve ser maior de 80 (oitenta) anos, conforme o inciso I do art. 318.

  Item II – Verdadeiro. Redação conforme o inciso II do art. 318.

  Item III – Falso. O agente deve ser imprescindível aos cuidados especiais de pessoa menor de 6 (seis) anos de idade e não 7 (sete) anos de idade, conforme o inciso III, do art. 318.

  Item IV – Falso. Poderá o juiz substituir a prisão preventiva pela domiciliar quando o agente for gestante a partir do 7º (sétimo) mês de gravidez ou sendo esta de alto risco, e não a critério médico.

- *Questão 16*

  I – periódico/juiz

  II – lugares/novas infrações

  III – pessoa/distante

  IV – Comarca/necessária

V – noturno/folga

VI – função pública/financeira

VII – grave ameaça/imputável

VIII – processo/resistência

IX – monitoração

- Questão 17: Letra "C"

O prazo é de 24 (vinte e quatro) horas, conforme o art. 20.

- Questão 18

Conforme o *caput* do art. 322, a autoridade policial somente poderá conceder fiança nos casos de infração cuja pena privativa de liberdade máxima não seja superior a 4 (quatro) anos, e nos termos do parágrafo único, nos demais casos, a fiança será requerida ao juiz, que decidirá em 48 (quarenta e oito) horas.

- Questão 19

Item I – Não cabe fiança nos termos do inciso IV do art. 324.

Item II – Não cabe fiança nos termos do inciso I do art. 323.

Item III – Cabe fiança. Essa é a antiga redação do inciso II do art. 323, revogada pela nova lei.

Item IV – Não cabe fiança nos termos do inciso II do art. 323.

Item V – Cabe fiança, pois não há vedação.

Item VI – Não cabe fiança nos termos do inciso II do art. 323.

Item VII – Cabe fiança. Essa é a antiga redação do inciso V do art. 323, revogada pela nova lei.

Item VIII – Cabe fiança. Essa é a antiga redação do inciso IV do art. 323, revogada pela nova lei.

Item IX – Cabe fiança. Essa é a antiga redação do inciso III do art. 324, revogada pela nova lei.

Item X – Não cabe fiança nos termos do inciso II do art. 323.

Item XI – Não cabe fiança nos termos do inciso II do art. 323.

Item XII – Cabe fiança, pois não há vedação.

Item XIII – Não cabe fiança nos termos do inciso II do art. 324.
Item XIV – Não cabe fiança nos termos do inciso I do art. 324.
Item XV – Não cabe fiança nos termos do inciso III do art. 323.

- *Questão 20:* Letra "C"

Nos termos dos inciso I e II, do art. 325, o valor da fiança será fixado pela autoridade que a conceder nos seguintes limites: a) de 1 (um) a 100 (cem) salários mínimos, quando se tratar de infração cuja pena privativa de liberdade, no grau máximo, não for superior a 4 (quatro) anos; b) de 10 (dez) a 200 (duzentos) salários mínimos, quando o máximo da pena privativa de liberdade cominada for superior a 4 (quatro) anos.

- *Questão 21:* Letra "A"

Nos termos dos incisos I e II, do § 1º, do art. 325, se assim recomendar a situação econômica do preso, a fiança poderá ser reduzida até o máximo de 2/3 (dois terços).

- *Questão 22:* Letra "B"

Nos termos do inciso III, do § 1º, do art. 325, se assim recomendar a situação econômica do preso, a fiança poderá ser aumentada em até 1.000 (mil) vezes.

- *Questão 23:* Letra "D"

Nos termos do art. 336, o dinheiro ou objetos dados como fiança servirão ao pagamento das custas, da indenização do dano, da prestação pecuniária e da multa, se o réu for condenado.

- *Questão 24:* Letra "E"

Item I – Falso. Nos termos do inciso I, do art. 341, a fiança será quebrada quando o acusado, regularmente intimado para ato do processo, deixar de comparecer, sem motivo justo.

Item II – Verdadeiro. A redação está de acordo com o inciso II do art. 341.

Item III – Verdadeiro. A redação está de acordo com o inciso III do art. 341.

Item IV – Falso. Nos termos do inciso IV, do art. 341, a fiança será quebrada quando o acusado resistir injustificadamente à ordem judicial.

Item V – Falso. Nos termos do inciso V do art. 341, a fiança será quebrada quando o acusado praticar nova infração penal dolosa.

- Questão 25

Conforme dispõe o art. 346 da Lei nº 12.403, no caso de quebramento de fiança, feitas as deduções previstas no art. 345 do Código de Processo Penal, o valor restante será recolhido ao Fundo Penitenciário, na forma da lei

- Questão 26

Conforme art. 289-A, o juiz competente providenciará o imediato registro do mandado de prisão em banco de dados mantido pelo Conselho Nacional de Justiça para essa finalidade.

- Questão 27

Nos termos do § 2º do art. 289-A, as palavras-chave são: Agente policial / Conselho Nacional de Justiça / juiz.

- Questão 28: Letra "B"

Conforme § 4º, do art. 289-A, o preso será informado de seus direitos, nos termos do inciso LXIII, do art. 5º, da Constituição Federal e, caso o autuado não informe o nome de seu advogado, será comunicado à Defensoria Pública.

- Questão 29

Verdadeira. Conforme o § 2º do art. 289-A.

- Questão 30: Letra "D"

Conforme o art. 3º da Lei nº 12.403/2011.

Modelo de pedido de liberdade provisória

— *Sem fiança com substituição da prisão preventiva* —
por medida cautelar de (...)[8]

EXCELENTÍSSIMO SENHOR DOUTOR JUIZ DE DIREITO DA _____ VARA CRIMINAL (VARA DO JÚRI) DA COMARCA DE _____.[9]

EXCELENTÍSSIMO SENHOR DOUTOR JUIZ FEDERAL DA _____ VARA CRIMINAL (VARA DO JÚRI) DA SEÇÃO JUDICIÁRIA DE _____.[10]

(10 linhas)

(Nome), (nacionalidade), (estado civil), (profissão), portador da cédula de identidade R.G. nº (...), inscrito no CPF/MF nº (...), residente e domiciliado a (...), por seu advogado infra-assinado com mandato de procuração anexo (doc. 1), vem, respeitosamente, à presença de Vossa Excelência, com fundamento no artigo 5º, inciso LXVI da Constituição Federal, combinado com os artigos 319, inciso I, e 321, "caput", ambos do Código de Processo Penal, requerer LIBERDADE PROVISÓRIA SEM FIANÇA COM APLICAÇÃO DA MEDIDA CAUTELAR DE (...)[11], pelas razões de fato e de direito a seguir expostas:

---

8. Indicar a medida cautelar pretendida.
9. Competência da Justiça Estadual.
10. Competência da Justiça Federal.
11. Indicar a medida cautelar pretendida.

- **Dos fatos**

Propomos uma série de perguntas para a narração dos fatos:
a) Quando o fato ocorreu?
b) Qual o lugar do fato?
c) Qual é a acusação?
d) Quem praticou o fato?
e) Houve coautor ou partícipe?
f) Quem é a vítima?
g) Como o crime foi praticado?
h) Qual o motivo do crime?
i) Houve testemunhas?

- **Do direito**

A custódia cautelar é prevista apenas nos casos de absoluta necessidade, nos termos do artigo 5º, incisos LXVI e LVII, da Constituição Federal. Em regra, o acusado deve permanecer em liberdade até o trânsito em julgado da sentença penal condenatória, em obediência ao princípio constitucional da presunção de inocência.

Com efeito, no caso em tela, é possível a concessão de liberdade provisória ao requerente por preencher os requisitos previstos nos artigos 319, inciso I e 320, "caput", ambos do Código de Processo Penal.

Por consequência, a prisão preventiva decretada deve ser revogada em razão das relevantes alterações trazidas pela Lei nº 12.403/11, dentre elas as medidas cautelares como alternativas à prisão processual.

- **Da desnecessidade da prisão preventiva**

O Código de Processo Penal prevê, com clareza, quais são as hipóteses de decretação da prisão preventiva.

O requerente não se enquadra em nenhuma delas.

O artigo 312 do Código de Processo Penal estabelece que a prisão preventiva poderá ser decretada como garantia da ordem pública, da ordem econômica, por conveniência da instrução criminal ou para assegurar a aplicação da lei penal, quando houver prova da existência do crime e indício suficiente de autoria.

(...)[12]

A prisão não se sustenta como garantia da ordem pública, pois (...)[13]

Também não se justifica o encarceramento como garantia da ordem econômica, pois (...)[14]

A custódia cautelar com base na conveniência da instrução criminal não deve prosperar, pois (...)[15]

Não cabe a segregação cautelar para assegurar a aplicação da lei penal, pois (...)[16].

O parágrafo único do artigo 312 estabelece que a prisão preventiva também poderá ser decretada em caso de descumprimento de quaisquer das obrigações impostas por força de outras medidas cautelares, nos termos do § 4º do artigo 282 do Código de Processo Penal.

Não é o caso.

(...)[17]

(...)[18]

---

12. Se for o caso, argumente que sequer há indícios suficientes de autoria e/ou prova da existência do crime.
13. Lembrete: essa medida se justifica para evitar a prática de novas infrações penais.
14. Lembrete: essa medida se justifica em crimes relacionados à ordem econômica e tributária.
15. Lembrete: essa medida se justifica para impedir que o agente provoque tumulto processual, tal como desaparecer com provas do crime.
16. Lembrete: essa medida se justifica para evitar a fuga do acusado.
17. O acusado não descumpriu quaisquer das obrigações impostas, pois não lhe foi determinado o cumprimento de nenhuma medida cautelar, tendo em vista a imposição da prisão preventiva.
18. Alega-se que o acusado descumpriu obrigação imposta. Isso não procede, pois (...).

   Em outro vértice, mesmo que tivesse descumprido, como se aduz, o § 4º estabelece que o juiz poderá substituir a medida, impor outra em cumulação ou, em último caso, decretar a prisão preventiva. Como se vê, a prisão preventiva foi decretada desnecessariamente, pois o juiz poderia ter cumulado a obrigação anterior com outra ou ainda tê-la substituído, e somente em último caso ter decretado a custódia cautelar.

Um passo adiante, o artigo 313 traz outras hipóteses de decretação da preventiva, ao expressar:

> Nos termos do art. 312 deste Código, será admitida a decretação da prisão preventiva:
>
> I – nos crimes dolosos punidos com pena privativa de liberdade máxima superior a 4 (quatro) anos;
>
> II – se tiver sido condenado por outro crime doloso, em sentença transitada em julgado, ressalvado o disposto no inciso I do caput do art. 64 do Decreto-Lei nº 2.848, de 7 de dezembro de 1940 – Código Penal;
>
> III – se o crime envolver violência doméstica e familiar contra a mulher, criança, adolescente, idoso, enfermo ou pessoa com deficiência, para garantir a execução das medidas protetivas de urgência;
>
> IV – (revogado).
>
> (...)[19]

Por derradeiro, crava o parágrafo único do artigo 313 que também será admitida a prisão preventiva quando houver dúvida sobre a identidade civil da pessoa ou quando esta não fornecer elementos suficientes para esclarecê-la, devendo o preso ser colocado imediatamente em liberdade após a identificação, salvo se outra hipótese recomendar a manutenção da medida.

Em nenhum momento houve dúvida sobre a identidade civil do requerente, pois este apresentou prontamente o seu documento[20] de identidade assim que lhe foi solicitado. Registre-se, ainda, que os dados constantes no documento apresentado são perfeitamente legíveis, conforme se comprova com cópia do documento em anexo.

---

19. Argumente que o acusado não se enquadra em nenhuma das hipóteses.
20. Ex.: RG, Carteira Nacional de Habilitação.

- **Da medida cautelar de (...)**[21]

Dispõe o atual artigo 282 do Código de Processo Penal:

Art. 282. As medidas cautelares previstas neste Título deverão ser aplicadas observando-se a:

I – necessidade para aplicação da lei penal, para a investigação ou a instrução criminal e, nos casos expressamente previstos, para evitar a prática de infrações penais;

II – adequação da medida à gravidade do crime, circunstâncias do fato e condições pessoais do indiciado ou acusado.

De imediato, podemos concluir que, para a aplicação das medidas cautelares, são exigidos dois requisitos: necessidade e adequação.

Mais adiante, o § 6º do artigo 282, determina:

Art. 282 ...

§ 6º. A prisão preventiva será determinada quando não for cabível a sua substituição por outra medida cautelar (art. 319)

Percebe-se, claramente, que a prisão preventiva somente deve ser decretada em último caso, ou seja, quando não for cabível a sua substituição por outra medida cautelar.

No presente caso, a medida cautelar é necessária e adequada.

Conforme a legislação em vigor, as medidas cautelares serão **necessárias** em quatro situações: a) para a aplicação da lei penal; b) para a investigação; c) para a instrução criminal; d) nos casos expressamente previstos para evitar a prática de infrações penais.

(...)[22]

A partir da nova redação, as medidas cautelares devem ser **adequadas** em três situações: a) gravidade do crime; b) circunstâncias do fato; c) condições pessoais do indiciado ou acusado.

---

21. Inserir a medida cautelar pretendida.
22. Argumente acerca de qual hipótese se enquadra o caso do requerente.

As cautelares serão aplicadas levando-se em conta a gravidade da conduta criminosa. Logo, conclui-se que não é qualquer crime, apenas os mais graves. Não é o caso.

(...)[23]

As circunstâncias do fato justificam a concessão da medida.

(...)[24]

As condições pessoais do requerente são favoráveis.

(...)[25]

Assim, não mais se justifica a drástica medida da prisão cautelar, pois, de acordo com a nova Lei nº 12.403/11, somente será determinada quando não for cabível a sua substituição por outra medida cautelar, revelando a sua mensagem:

"PRISÃO PREVENTIVA SOMENTE EM ÚLTIMO CASO"

No presente caso, não se justifica.

O caso é de concessão de liberdade provisória, conforme determina o artigo 321 do Código de Processo Penal:

Art. 321. Ausentes os requisitos que autorizam a decretação da prisão preventiva, o juiz deverá conceder liberdade provisória, impondo, se for o caso, as medidas cautelares previstas no art. 319 deste Código e observados os critérios constantes do art. 282 deste Código.

O requerente requer seja aplicada a seguinte medida cautelar:

---

23. Descreva a conduta criminosa e justificar o porquê de não se tratar de crime grave. Argumentos: a) o legislador não definiu o que é "crime grave"; b) não foi praticado com violência ou grave ameaça; c) não houve emprego de arma; d) não houve lesão física.
24. Descreva as circunstâncias, tais como: a) atipicidade do fato; b) excludentes da ilicitude; c) excludentes da culpabilidade; d) crime tentado; e) princípios penais (proporcionalidade, insignificância).
25. Descreva as condições pessoais, tais como: a) história de vida; b) condições psicológicas; c) bons antecedentes; d) ausência de antecedentes criminais; e) não reincidência; f) bom comportamento carcerário; g) histórico familiar; h) condições de habitação, de higiene física e mental.

(...)[26]

A presente medida se enquadra nos requisitos da necessidade e adequação exigidos pelo atual artigo 282 do Código de Processo Penal.

- **Do pedido**

Posto isso, requer a concessão da **LIBERDADE PROVISÓRIA SEM FIANÇA**, mediante a **SUBSTITUIÇÃO** da **PRISÃO PREVENTIVA**, nos termos do artigo 315 do Código de Processo Penal, pela **APLICAÇÃO** da **MEDIDA CAUTELAR** prevista no (...)[27], mandando expedir o competente **ALVARÁ DE SOLTURA** em favor do requerente.

Aguarda o requerente que lhe seja concedida a medida por ser de inteira justiça.

(Local/Data)

(Advogado/OAB)

---

26. Descreva uma das medidas cautelares previstas nos incisos I a IX do artigo 319 do Código de Processo Penal.
27. Descreva a medida cautelar pretendida de acordo com os incisos I a IX do artigo 319 do Código de Processo Penal.

Modelo de pedido de liberdade provisória

— *Sem fiança e sem aplicação de medida cautelar* —

EXCELENTÍSSIMO SENHOR DOUTOR JUIZ DE DIREITO DA ____ VARA CRIMINAL (VARA DO JÚRI) DA COMARCA DE _____.[28]

EXCELENTÍSSIMO SENHOR DOUTOR JUIZ FEDERAL DA ____ VARA CRIMINAL (VARA DO JÚRI) DA SEÇÃO JUDICIÁRIA DE _____.[29]

(10 linhas)

(Nome), (nacionalidade), (estado civil), (profissão), portador da cédula de identidade R.G. nº (...), inscrito no CPF/MF nº (...), residente e domiciliado a (...), por seu advogado infra-assinado com mandato de procuração anexo (doc. 1), vem, respeitosamente, à presença de Vossa Excelência, com fundamento no artigo 5º, inciso LXVI da Constituição Federal, combinado com os artigos 319, inciso I, e 321, "caput", ambos do Código de Processo Penal, requerer LIBERDADE PROVISÓRIA SEM FIANÇA, pelas razões de fato e de direito a seguir expostas:

- **Dos fatos**

Propomos uma série de perguntas para a narração dos fatos:
a) Quando o fato ocorreu?

---

28. Competência da Justiça Estadual.
29. Competência da Justiça Federal.

b) Qual o lugar do fato?
c) Qual é a acusação?
d) Quem praticou o fato?
e) Houve coautor ou partícipe?
f) Quem é a vítima?
g) Como o crime foi praticado?
h) Qual o motivo do crime?
i) Houve testemunhas?

- **Do direito**

A custódia cautelar é prevista apenas nos casos de absoluta necessidade, nos termos do artigo 5º, incisos LXVI e LVII, da Constituição Federal. Em regra, o acusado deve permanecer em liberdade até o trânsito em julgado da sentença penal condenatória, em obediência ao princípio constitucional da presunção de inocência.

Com efeito, no caso em tela, é possível a concessão de liberdade provisória ao requerente por preencher os requisitos previstos nos artigos 282, incisos I e II e 321, "caput", ambos do Código de Processo Penal.

Por consequência, a prisão preventiva decretada deve ser revogada em razão das relevantes alterações trazidas pela Lei nº 12.403/11, dentre elas a possibilidade de liberdade provisória sem a aplicação das medidas cautelares.

- **Da desnecessidade da prisão preventiva**

O Código de Processo Penal prevê, com clareza, quais são as hipóteses de decretação da prisão preventiva.

O requerente não se enquadra em nenhuma delas.

O artigo 312 do Código de Processo Penal estabelece que a prisão preventiva poderá ser decretada como garantia da ordem pública, da ordem econômica, por conveniência da instrução criminal, ou para assegurar a aplicação da lei penal, quando houver prova da existência do crime e indício suficiente de autoria.

(...)[30]

A prisão não se sustenta como garantia da ordem pública, pois (...)[31]

Também não se justifica o encarceramento como garantia da ordem econômica, pois (...)[32]

A custódia cautelar com base na conveniência da instrução criminal não deve prosperar, pois (...)[33]

Não cabe a segregação cautelar para assegurar a aplicação da lei penal, pois (...)[34].

O parágrafo único do artigo 312 estabelece que a prisão preventiva também poderá ser decretada em caso de descumprimento de quaisquer das obrigações impostas por força de outras medidas cautelares, nos termos do § 4º do artigo 282 do Código de Processo Penal.

Não é o caso.

(...)[35]

(...)[36]

Um passo adiante, o artigo 313 traz outras hipóteses de decretação da preventiva, ao expressar:

---

30. Se for o caso, argumente que sequer há indícios suficientes de autoria e/ou prova da existência do crime.
31. Lembrete: essa medida se justifica para evitar a prática de novas infrações penais.
32. Lembrete: essa medida se justifica em crimes relacionados à ordem econômica e tributária.
33. Lembrete: essa medida se justifica para impedir que o agente provoque tumulto processual, tal como desaparecer com provas do crime.
34. Lembrete: essa medida se justifica para evitar a fuga do acusado.
35. O acusado não descumpriu quaisquer das obrigações impostas, pois não lhe foi determinado o cumprimento de nenhuma medida cautelar, tendo em vista a imposição da prisão preventiva.
36. Em outro vértice, mesmo que tivesse descumprido, como se aduz, o § 4º estabelece que o juiz poderá substituir a medida, impor outra em cumulação ou, em último caso, decretar a prisão preventiva. Como se vê, a prisão preventiva foi decretada desnecessariamente, pois o juiz poderia ter cumulado a obrigação anterior com outra ou ainda tê-la substituído, e somente em último caso ter decretado a custódia cautelar.

Nos termos do art. 312 deste Código, será admitida a decretação da prisão preventiva:

> I – nos crimes dolosos punidos com pena privativa de liberdade máxima superior a 4 (quatro) anos;
>
> II – se tiver sido condenado por outro crime doloso, em sentença transitada em julgado, ressalvado o disposto no inciso I do caput do art. 64 do Decreto-Lei nº 2.848, de 7 de dezembro de 1940 – Código Penal;
>
> III – se o crime envolver violência doméstica e familiar contra a mulher, criança, adolescente, idoso, enfermo ou pessoa com deficiência, para garantir a execução das medidas protetivas de urgência;
>
> IV – (revogado).
>
> (...)[37]

Por derradeiro, crava o parágrafo único do artigo 313 que também será admitida a prisão preventiva quando houver dúvida sobre a identidade civil da pessoa ou quando esta não fornecer elementos suficientes para esclarecê-la, devendo o preso ser colocado imediatamente em liberdade após a identificação, salvo se outra hipótese recomendar a manutenção da medida.

Em nenhum momento houve dúvida sobre a identidade civil do requerente, pois este apresentou prontamente o seu documento[38] de identidade assim que lhe foi solicitado. Registre-se, ainda, que os dados constantes no documento apresentado são perfeitamente legíveis, conforme se comprova com cópia do documento em anexo.

- **Da desnecessidade da medida cautelar**

    Dispõe o atual artigo 282 do Código de Processo Penal:
    Art. 282. As medidas cautelares previstas neste Título deverão ser aplicadas observando-se a:

---

37. Argumente que o acusado não se enquadra em nenhuma das hipóteses.
38. Ex.: RG, Carteira Nacional de Habilitaçao.

I – necessidade para aplicação da lei penal, para a investigação ou a instrução criminal e, nos casos expressamente previstos, para evitar a prática de infrações penais;

II – adequação da medida à gravidade do crime, circunstâncias do fato e condições pessoais do indiciado ou acusado.

De imediato, podemos concluir que, para a aplicação das medidas cautelares, são exigidos dois requisitos: necessidade e adequação.

No presente caso, a aplicação de uma medida cautelar é desnecessária e inadequada, pois, conforme a legislação em vigor, ela seria **necessária** somente em quatro situações: a) para a aplicação da lei penal; b) para a investigação; c) para a instrução criminal; d) nos casos expressamente previstos para evitar a prática de infrações penais.

(...)[39]

A partir da nova redação, as medidas cautelares são **adequadas** em três situações: a) gravidade do crime; b) circunstâncias do fato; c) condições pessoais do indiciado ou acusado.

As cautelares serão aplicadas levando-se em conta a gravidade da conduta criminosa. Logo, conclui-se que não é qualquer crime, apenas os mais graves. Não é o caso.

(...)[40]

As circunstâncias do fato não justificam a concessão da medida.

(...)[41]

As condições pessoais do requerente são favoráveis para dispensar a fixação de uma medida cautelar.

(...)[42]

---

39. Argumente em qual hipótese se enquadra o caso do requerente.
40. Descreva a conduta criminosa e justifique o porquê de não se tratar de crime grave. Argumentos: a) o legislador não definiu o que é "crime grave"; b) não foi praticado com violência ou grave ameaça; c) não houve emprego de arma; d) não houve lesao física.
41. Descreva as circunstâncias, tais como: a) atipicidade do fato; b) excludentes da ilicitude; c) excludentes da culpabilidade; d) crime tentado; e) princípios penais (proporcionalidade, insignificância).
42. Descreva as condições pessoais, tais como: a) história de vida; b) condições psicológicas; c) bons antecedentes; d) ausência de antecedentes criminais; e) não reincidência;

Nesse contexto, é inviável a concessão de qualquer das medidas cautelares expostas nos incisos I a IX do artigo 319 do Código de Processo Penal [43]

Por outro lado, a fiança deve ser dispensada, na forma do artigo 325, §1º, inciso I e artigo 350, ambos do Código de Processo Penal, diante da hipossuficiência econômica do requerente, conforme declaração anexa.

- **Do pedido**

Posto isso, requer a concessão da **LIBERDADE PROVISÓRIA SEM FIANÇA**, e consequente **REVOGAÇÃO** da **PRISÃO PREVENTIVA**, nos termos do artigo 321 do Código de Processo Penal, mandando expedir o competente **ALVARÁ DE SOLTURA** em favor do requerente.

Aguarda o requerente que lhe seja concedida a medida por ser de inteira justiça.

- **Do pedido**

Posto isso, requer a concessão da **LIBERDADE PROVISÓRIA SEM FIANÇA**, mediante a **REVOGAÇAO DA PRISÃO PREVENTIVA**, nos termos do artigo 315 do Código de Processo Penal, sem **APLICAÇÃO DAS MEDIDAS CAUTELARES** previstas nos incisos I a IX do artigo 21 do Código de Processo Penal, mandando expedir o competente **ALVARÁ DE SOLTURA** em favor do requerente.

O requerente assume o compromisso de comparecer a todos os atos do processo sempre que for intimado por este juízo.

Aguarda o requerente que lhe seja concedida a liberdade provisória por ser de inteira justiça.

(Local/Data)

(Advogado/OAB)

---

f) bom comportamento carcerário; g) histórico familiar; h) condições de habitação, de higiene física e mental.

43. Nesse caso, deve-se excluir todas as medidas cautelares.

Modelo de pedido de separação de presos

Excelentíssimo senhor doutor juiz de Direito da (...) Vara Criminal da Comarca de (...).

Proc. nº (...)

(Nome do requerente), (nacionalidade), (estado civil), portador da cédula de identidade R.G. nº (...), inscrito no CPF/MF nº (...), residente e domiciliado na (endereço completo), nos autos do processo-crime que move a Justiça Pública,[44] por seu advogado, legalmente constituído, com mandato de procuração anexo (doc. 1),[45] vem, respeitosamente, à presença de Vossa Excelência, requerer a sua separação dos outros presos condenados com fundamento no artigo, pelos fatos e fundamentos jurídicos que passa a expor:

- **Dos fatos**

(Narração dos fatos)

- **Da fundamentação jurídica**

A nova redação dada pela Lei nº 12.403/2011 ao art. 300, expressamente prevê o seguinte: "As pessoas presas provisoriamente ficarão

---

44. Querelante, se for ação penal privada.
45. Pode protestar pela juntada da procuração no prazo de 15 (dias), conforme Estatuto da OAB.

separadas das que já estiverem definitivamente condenadas, nos termos da Lei de Execução Penal".

A separação dos presos provisórios dos definitivamente condenados é uma imposição legal, haja vista ter o legislador substituído a expressão "sempre que possível" pelo verbo "ficarão", revelando a intolerância com o encarceramento conjunto de provisórios com definitivos.

O art. 84 da Lei de Execução Penal, desde 1984, antes da Constituição Federal, sempre foi no mesmo sentido: "O preso provisório ficará separado do condenado por sentença transitada em julgado".

Conforme expressamente prevê o parágrafo 3º do art. 86, cabe ao juiz competente, a requerimento da autoridade administrativa, definir o estabelecimento prisional adequado para abrigar o preso provisório ou condenado, em atenção ao regime e aos requisitos estabelecidos.

Até o momento, não foi definido o estabelecimento prisional adequado, encontrando-se o requerente no (descrever o lugar onde está preso), que não oferece condições de separação dos presos.

A Lei nº 10.792/2003, ao alterar o parágrafo único do art. 87, atribuiu à União Federal, aos Estados, ao Distrito Federal e aos Territórios a missão de construir Penitenciárias destinadas, exclusivamente, aos presos provisórios. Diante da inércia dos nossos governantes, reincidentes no descumprimento das normas com fulcro social, o requerente não pode e não deve ficar encarcerado junto a presos condenados definitivamente.

• **Do pedido**

Posto isso, diante da estrutura física disponível no presídio onde se encontra e da superlotação carcerária, que tornam impossível a imediata separação do requerente, por se tratar de preso provisório, dos demais presos definitivamente condenados, solicito que seja concedida a prisão domiciliar, nos termos do art. 317 do Código de

Processo Penal, mandando expedir o competente alvará de soltura em favor do requerente.

Aguarda o requerente que lhe seja concedida a medida por ser de inteira justiça.

(Local/Data)

(Advogado/OAB)

GRÁFICA PAYM
Tel. (011) 4392-3344
paym@terra.com.br